PIS Y CACA

Educ

PIS Y CACA

Educación para el autocontrol

JOSÉ FCO. GONZÁLEZ RAMÍREZ

ISBN: 84-9764-312-7
Depósito legal: M-48684-2002
Fecha de aparición: Febrero 2003

Colección: Guía de padres
Título: Pis y caca
Autor: José Fco. G. Ramírez
Diseño de cubierta: El ojo del huracán
Impreso en: LÁVEL

IMPRESO EN ESPAÑA – *PRINTED IN SPAIN*

PRÓLOGO

En este libro los padres van a encontrar el porqué es importante el aprendizaje del control voluntario del pis y la caca por parte de los niños en la edad que va más allá de los doce meses y están más acá de los tres años. También, de los problemas que surgen y de sus posibles soluciones cuando el niño es mayor y tiene dificultades con el control voluntario del pis (enuresis) y de la caca (encopresis).

Nuestro libro no es una guía para ir paso a paso logrando unos objetivos determinados en el sentido de seguir instrucciones como si estuviéramos tratando de conocer el manejo de un aparato electrodoméstico. Ni mucho menos. Aquí se exponen los fenómenos que concurren en el control del pis y la caca, y se interpretan en términos educativos.

Además, tratamos de hacernos eco de aquellas cosas que piensan las personas próximas a este aprendizaje como son las educadoras de escuelas infantiles; y digo educadoras, y no educadores, porque en ese nivel de la educación infantil todas son mujeres —no me he encontrado aún con ningún educador masculino de esa etapa.

También tratamos de que lo popular, las anécdotas estén muy presentes a lo largo de toda la obra. En este sentido, se ha respetado la forma de hablar y de expresar que tiene la gente al comunicar estos asuntos. Advierto esto para que no pase como con una buena amiga mía que me sugirió, en un texto sobre esta temática, emplear mejor que la palabra «water», la de «inodoro», lo cual me parecía una grandiosa cursilería, respetando mucho la libertad de cada cual para opinar. No sé qué pensará mi amiga de las palabras que se vierten en algunos momentos a lo largo de este libro a nivel de coloquios familiares. De cualquier modo, el padre que tienda a la «cursilería», que no le guste saber cómo se habla con toda normalidad en la calle de estos asuntos, mejor es que se salte ciertos pasajes. Muchas anécdotas se expresan con claves de humor aunque con una finalidad didáctica...

Nuestro libro expone aspectos científicos sobre el funcionamiento del pis y la caca muy rigurosos, ¡eso sí!, con tendencia a la divulgación fácil de las ideas. Los padres encontrarán en esta obra multitud de pautas y consejos, y por último daremos también orientaciones para tratar de resolver problemas del control del pis y la caca que surgen en los niños más allá de los tres años y que se denominan como enuresis y encopresis.

Y dicho esto vamos a empezar con un capítulo introductorio general sobre este tema antes de pasar propiamente a la cuestión que más nos interesa como es el control mismo de este aprendizaje.

El Autor

Figura 1.—*Niña aprendiendo a controlar los esfínteres.*

El control urinario depende en gran medida de los esfuerzos que hagan los adultos por hacer que el niño lo aprenda. Si no le ponemos en situación para que se ejercite: ¿cómo podemos evitar la enuresis…?

CAPÍTULO I

CONTROL DEL PIS Y LA CACA EN LOS ANIMALES Y EN LAS PERSONAS

La excreción de las heces y la micción de la orina se han tornado con el tiempo y el devenir de la evolución humana en un hábito cuyo origen fisiológico, como tantos otros, se remonta a edades de nuestra evolución animal de épocas pretéritas; han sido modificados cuando el hombre entró a formar parte de esa otra naturaleza que él mismo creó llamada cultura.

Quizá sea ésta una de las conductas fisiológicas que más claramente interactúan con los hábitos sociales, sometiéndose dicha conducta corporal a la norma de la convivencia social. Esto sólo sucede, en parte, en el ámbito humano. El control del pis y la caca no pueden ir disociados del contexto social.

Los animales suelen hacerlo al azar, aunque también el control de excretar, en muchos casos, se pone en función de ciertas conductas y rituales propios de la especie. Los dueños de perros saben cómo son éstos capaces de retener la orina a voluntad para ir luego, poco a poco, administrándola; van desparramándola en un árbol, en un lugar de la hierba, en una esquina, etc.; de tal modo, que con ello el perro marca su territorio.

«Casi todos los animales excretan al azar —escribe Ajuriaguerra—, pero en algunos, como en el caso de los perros, las excreciones, especialmente la micción, están al servicio de un ritual de saludos o sirven para delimitar el territorio que le es propio.»

Muchas especies de animales controlan las heces y la orina en el interior de su vejiga, o intestinos, y la esparcen a voluntad posteriormente con fines de dominación territorial o establecer otros rituales. Uno se puede preguntar si esto tiene que ver algo con el modo cultural en que los hombres controlan sus necesidades básicas de la micción y la excreción. Como tantas otras cosas no cabe duda de que este control se debe aprender cuando el ser humano es un cachorro, un niño de poca edad.

Está muy claro que para cada sociedad y cultura el control del pis y la caca es un fenómeno que se valora de modo diferencial.

Los hombres adoptan actitudes diversas con relación a este aprendizaje. En unos casos el influjo cultural sobre este hábito es tolerante y en otros excesivamente severo y vigilante. La verdad es que, en cualquier caso, los niños controlan el pis y la caca en su mayoría de un modo total hacia los tres años, introduciéndose la idea de retraso a partir de dicho momento.

La repercusión psicológica sobre el niño no es igual en un clima severo que en otro liberal. Ni se ejerce el mismo control si se adopta una actitud de dejadez frente al de responsabilidad. La verdad es que con esta idea queremos anticipar a los padres que lo mejor para que nuestros hijos controlen el pis y la caca sin ningún tipo de repercusión posterior es la de ayudarles proporcionándoles contextos adecuados para que ellos se ejerciten convenientemente, en un clima de libertad y de afectos, sin presiones, ni angustias, pero tampoco de indiferencia y de dejadez...

Hay que desarrollar la naturalidad en el sentido de que estos aprendizajes se deben ir imponiendo poco a poco, según los dictados de la evolución madurativa, pero en cada momento el niño debe recibir el apoyo adecuado de sus padres.

No existiría peor educación en los hábitos de limpieza que hacer de estas cosas algo «asqueroso» e indeseable, como pudiera hacerse de cuestiones como la sexualidad. Los niños, de modo natural, y frecuentemente, ven en el pis y la caca objetos con los que se relaciona afectivamente, la mayoría de las veces sintiéndolas como algo bueno.

La excreción y la micción en el reino animal no tienen —ya lo hemos dicho—, como tantas otras cosas, el mismo modo de funcionar, pero no porque los propios mecanismos —base anatómica y fisiológica— de la excreción y la micción sean diferentes en el hombre y en los animales, tanto como que la acción de orinar o la de excretar las heces ha sido condicionada a hechos y circunstancias culturales.

Tradicionalmente se dice que el niño debe aprender a estar «limpio». Ese estar limpio es lo que enseñamos los adultos a los niños, y es lo que tiene de cultural el control del pis y la caca. Independientemente de este hecho, que iremos debatiendo a lo largo de este libro, controlar el hacer pis o caca es una cuestión muy orgánica que tiene una explicación fisiológica y anatómica.

Un niño podrá poner su voluntad de controlar el acto de micción de la orina, o de defecación de la heces, cuando su organismo puede hacerlo; es decir, cuando ha madurado. Si el cuerpo en sus funciones no está preparado para hacer

Figura 2.—*El mejor amigo del hombre también controla a voluntad el pis y la caca.*

El perro hace un uso controlado de su orina para marcar el territorio, y también ejerce este aprendizaje por influencia de su dueño mediante sistemas de condicionamiento.

algo por mucho que queramos que el niño las realice no podrá. Por otro lado, si tiene su organismo preparado para controlar a voluntad hacer pis o caca, se debe someter a la disciplina de un aprendizaje que le llevará hacia la obtención de unos hábitos; esta es la parte educativa o cultural de la micción y la excreción, y que se ponen en relación a su entorno; es decir, al influjo educativo que proviene de los padres.

«Los métodos de aprendizaje —escribe Ajuriaguerra— no parecen desarrollarse a partir de actitudes culturales, sino de antecedentes específicos de cada sistema de conducta.» Estos sistema varían según las sociedades.

Estos son algunos de los factores que intervienen a la hora de que el niño controle el pis y la caca. Pero hay más. En realidad, desde el punto de vista fisiológico, todo se reduce a que el niño en la micción —ya explicaremos detenidamente el proceso— logre controlar a voluntad un músculo llamado esfínter externo (una de las compuertas que en la vejiga hace que se retenga a voluntad la orina) y que se abre cuando nosotros queremos; claro, dentro de unos límites, pues la orina sale fuera del control de la voluntad en cuanto la vejiga está llena y recibe una presión que sobrepasa su capacidad. Esto puede suceder a niños, o adultos, son los típicos momentos de apuro en las que se busca un «water» como sea.

En la excreción de las heces también en el intestino, mediante un sistema de control muscular de esfínter —al final del recto—, se retienen las heces en el colon de modo voluntario.

En realidad, y ya lo veremos más detenidamente, en el control del pis y la caca, desde el punto de vista fisiológico, se trata de que el niño aprenda a controlar a voluntad a abrir o cerrar una serie de músculos —compuertas fisiológicas— llamadas esfínteres.

Los seres humanos no podemos dejar nuestras propias funciones a la pura mecánica del azar fisiológico. Los niños, a través de todo este proceso, reciben y emiten hacia fuera de sí mismos y hacia su interior una cantidad ingente de vivencias que no podemos alegremente ignorar. Aprender a controlar las esfínteres conlleva una serie de influencias sociales: los padres llegado un momento desean que su hijo sea autónomo en su «limpieza», y el hecho de iniciar el aprendizaje del control de esfínteres es una presión necesaria que el niño recibe de su entorno.

Una presión que puede ser vivida psicológicamente de muchas formas y maneras. Es verdad que este proceso de controlar el pis y la caca llega un momento en que se hace automático y

casi nadie recuerda lo dificultoso que fue realmente lograr esa especie de hazaña.

El niño que está en el proceso está experi-
mentando toda una serie de vivencias que de alguna manera debe integrar en su mente infantil.
No podemos obviar que el niño posee un cerebro y una mente donde integra todas sus sensaciones. Pues bien, psicológicamente, aprender
a controlar el pis y la caca tiene también unas
consecuencias psicológicas que no tienen por
qué ser calificadas de negativas o positivas en
sí mismas; pueden ser de una u otra naturaleza,
pero que los padres deben tener en cuenta y co-
nocerlas.

Si llegásemos a la conclusión de que aprender a controlar los esfínteres es sólo una cuestión puramente orgánica, que se logra en uno u
otro momento de la evolución personal, nos daría igual que el niño llegase a lograrlo ahora que
cuando tuviese nueve años.

Pero resulta que la mente elabora pensamientos positivos o negativos sobre las cosas que sabe
o no sabe hacer, y un niño con nueve años puede generar pensamientos negativos sobre su falta de control enurético. En este caso, no es el control de la micción en sí mismo lo importante, sino
tal y como el niño se siente por no ser capaz de
controlar su pis.

Con esto damos importancia a un aprendizaje que en principio puede parecernos inocente en su fondo, pero que para un niño realmente llega a tener gran significación. Un padre curioso se preguntará, ¿pero, que significación? De eso iremos hablando poco a poco a lo largo de esta obra.

La manera de retener la orina, o las heces, es en el hombre una acción producto de su cultura. Los seres humanos, pues, sometemos nuestros actos fisiológicos a las necesidades sociales y culturales. La cultura, a lo largo del tiempo, ha modificado en gran parte la relación que el hombre mantiene con la naturaleza. Nuestros hábitos de excretar los desechos orgánicos no son la manera fisiológica más sencilla de realizar esta acción orgánica, pues el modo más sencillo de excretar dichos residuos es al azar, en cualquier momento que apetezca, o simplemente se dé el caso de hacerlo; algo así como puede suceder en las personas incapaces de este control cuando sufren lo que se denomina como encopresis.

Hay en esta conducta de la organización de los esfínteres algo que fuerza a la propia naturaleza. Sin embargo, el mecanismo artificial que el hombre adquiere con el control de excretar sus residuos orgánicos a voluntad, le vale para ganar un ámbito de socialización y libertad que aunque frena la espontaneidad del organismo le sirve para organizar su propio mundo con respecto a los demás.

Quizá gane más con ese nuevo orden artificial que excretar de modo espontáneo como ocurre con los animales. En esto vemos que, adquirido un hábito, los seres humanos no podemos regresar de un mundo de artificio a un mundo de espontaneidad como el que reclama la naturaleza. Y bienvenido sea tal hábito y tal desprendimiento de la naturaleza (en algunos casos, claro).

¿Podríamos imaginarnos una sociedad sin la adquisición de esa capacidad del control de la excreción de los residuos orgánicos —orina y heces—? En seguida nos damos cuenta de que es inimaginable la cantidad de problemas de higiene y salubridad que se podrían generar.

De cualquier modo, a lo mejor, también de modo artificial, quizá mediante «dodotis», hubiéramos evitado un descontrol medioambiental inimaginable.

Habría que ver al hombre funcionando con la excreción y la micción como lo hace una manada de búfalos; sería incompatible con su modo social y cultural de vivir, independientemente del problema de la salubridad y la higiene. Si el hombre siguiera excretando de forma espontánea quizá hubiera ya inventado mil modos de aliviar esa carga. Pero desde tiempos antiguos sometió a su organismo a unas condiciones especiales que le hacen adaptar su mecánica fisiológica a su propia vida, a su propio mundo y a su naturaleza.

El ser humano logra controlar la excreción y la micción desde el interior de su propio cuerpo. Aprende a dominar el mecanismo de su propia fisiología en beneficio de la adaptación a su mundo. El hombre somete a su cuerpo a un aprendizaje que le permite regular a voluntad excretar sus residuos. Su cuerpo tiene la capacidad de funcionar en otro orden diferente al de la espontaneidad y el azar.

En este sentido, el hombre es capaz de controlar su propia conducta fisiológica. En parte eso supone la liberación que inaugura cuando entre la naturaleza y su otra naturaleza inventada, la cultura, surge una desvinculación de la que ya no puede jamás prescindir.

Cuando reflexionamos sobre el control que el hombre ejerce sobre la mecánica de la excreción y la micción estamos ante un arcaísmo de la conducta que nos enseña cómo el hombre pudo con el tiempo ir sometiendo incluso sus funciones orgánicas a las necesidades que le exigía su cultura. El control de la excreción y la micción no es otra cosa que un acto artificioso que obliga al cuerpo a funcionar en sus hábitos de otra manera.

Uno podría preguntarse: ¿Por qué estas cosas no las hacen también los animales? Los animales tienen como nosotros la capacidad fisiológica de controlar sus excreciones y micciones (pueden en un momento determinado controlar sus esfínteres).

Pensemos, como ya hemos dicho, en los perros; cómo logran también aplazar esa conducta cuando están en lugares en los que sus dueños les exigen hacerlo (por ejemplo, en la casa). Esa capacidad de control es artificialmente adquirida. El dueño enseña al perro a no excretar sus residuos en cualquier parte, y a veces lo hace condicionando esa conducta a señales más bien dolorosas.

En términos verbales podríamos decir que el dueño le dice al perro: «Si excretas tus desechos orgánicos te castigo», y el perro aprende que si logra controlar en determinados lugares excretar no es castigado, e incluso todo lo contrario; por no hacerlo es querido y premiado por ello.

Al principio, vemos que al perro le cuesta trabajo llegar a no hacer sus necesidades donde su dueño le dice que no lo haga, pero con el paso del tiempo este hábito se hace automático y el perro lo ejecuta con la misma facilidad como el propio hombre controla las suyas.

Es decir, que aquello que era una pesada carga llevar a cabo, cuando se automatiza se da como si fuera un proceso natural con el que uno hubiera siempre nacido; pero no es así, es realmente un aprendizaje costoso de adquirir y de practicar al principio.

Un perro ejerce un control más limitado que el hombre sobre su capacidad de no excretar sus desechos tanto de orina como de heces. El hombre ejerce un control mucho más amplio sobre esta conducta y está en función de una amplitud de planos sociales y culturales realmente increíbles, como iremos viendo surgir poco a poco a lo largo de este libro.

Como al perro, los adultos enseñan a sus hijos siendo infantes esta conducta artificiosa de controlar la excreción, pero con las diferencias propias que el desarrollo mental de los hombres y de los animales dan a las cosas. Los niños no nacen, como bien sabemos, con esa capacidad de controlar la excreción de la orina y las heces, sino que llegado un momento en que su maduración y desarrollo orgánico lo permiten se le puede enseñar a hacerlo. Este aprendizaje, en los hábitos fisiológicos, lleva al niño, principalmente, a un grado de autonomía mayor.

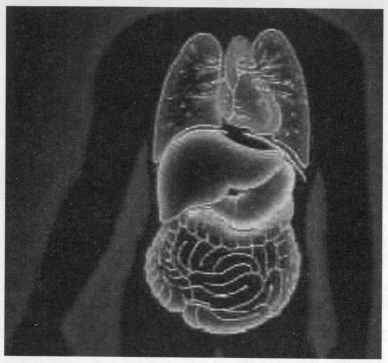

Figura 3.—*Las funciones orgánicas están influenciadas por el medio ambiente.*

Los procesos orgánicos, los psicológicos —o mentales— y los sociales, están fuertemente relacionados; más de lo que en principio uno pueda imaginar. El cuerpo, la mente y lo social son la base de la salud. El excretar las heces y la micción de la orina están fuertemente condicionados en este sentido por esas tres dimensiones, muy especialmente cuando los niños comienzan su control.

Si seguimos razonando entre las diferencias que observamos en la conducta entre los animales y el hombre, realmente podemos llegar a la conclusión de que los animales participan también de una «cultura» que es propia de su especie.

Existen animales que reparten su orina y sus heces como una señal química por la que establecen territorios, dan señales de su majestad y poderío, etc. Es decir, hacen del control de la emisión de sus excrementos y heces un medio para comunicar a los demás su jerarquía y poder. Ellos logran que el azar que pudiera existir a la hora de excretar se controle a voluntad.

Controlan sus esfínteres con un fin, señalizar a los demás determinadas cosas con sus heces y orina. Esto es lo que hace el perro cuando va de sitio en sitio soltando un poco de orina en cada lugar.

El sentido de higiene y salubridad está en muchos animales, por lo que el control de los esfínteres les permite no excretar en cualquier parte. En el hombre cobra este control unos límites máximos en todos los sentidos; de tal manera que cualquier ser humano para ser autónomo debe ejercer este control voluntario de una manera total.

Cuando no es así se establecen las señales de la enfermedad o los problemas. Lo que se llama enuresis o encopresis no es una enfermedad, sino que pertenecen al ámbito de los malos aprendizajes: en este sentido, del aprendizaje de regular a voluntad los diversos esfínteres que controlan la emisión del pis y la caca. Pero de esto ya tendremos ocasión de hablar largo y tendido más adelante.

Ahora propongo a los padres —para el siguiente capítulo— conocer los mecanismos básicos de tipo fisiológico que operan a la hora de hacer el pis y la caca, para luego pasar a una reflexión más acorde sobre lo que significa ayudar a los niños en este aprendizaje y también dar algunos consejos de ayuda cuando este proceso no llega a adquirirse a una edad adecuada, como es el caso de la denominada enuresis y encopresis.

Figura 4.—*Niños en la escuela infantil.*

En las escuelas infantiles los niños aprenden a naturalizar socialmente el uso del control de esfínteres sin límite en orden al sexo niño o niña. Esta educación les lleva en la edad de la ternura no sólo a dominar las funciones del propio cuerpo, sino a naturalizar el orden de las diferencias entre chicos y chicas de una manera natural, sin interpretaciones desnaturalizadas.

CAPÍTULO II

LOS MECANISMOS FISIOLÓGICOS EN EL CONTROL DEL PIS

Nada mejor para entender cómo nuestros hijos funcionan fisiológicamente para tratar de ayudarles de modo eficaz en este complejo aprendizaje del control de esfínteres que conocer los mecanismos fisiológicos que intervienen en ello.

Cuando empleamos la palabra esfínteres estoy seguro de que para muchos padres resultará misteriosa esta terminología, pero en este capítulo deseamos que eso deje de ser así. Nada hay como entender el mecanismo general de la micción para aclararnos en este particular

Por la vejiga de una persona adulta llega a pasar durante el día una cantidad entre un litro y litro y medio de orina. Esta orina se elimina durante el día y la noche.

La vejiga es un órgano muscular que está preparado para retener el líquido que le viene de los

FUNCIONAMIENTO DE LA MICCIÓN

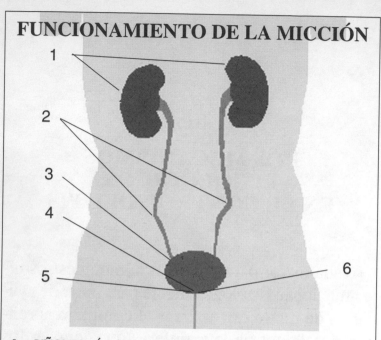

1.—RIÑONES: Órgano donde se genera la orina.
2.—CONDUCTOS URETRALES: Baja la orina hasta la vejiga.
3.—VEJIGA: Órgano muscular donde se acumula la orina. Su cantidad máxima de contenido oscila entre 500 cm³ y 1.000 cm³ Cuando la señal de orina llega a los 400 cm³ se produce una SEÑAL DE ALARMA que se traduce por «ganas de orinar». Más allá de este nivel la señal provoca una fuerte URGENCIA, y más allá aún se puede retener más y sale la orina. La persona enurética evacua ante la primera señal de alarma y no tiene adquirida la capacidad de retener por más tiempo la orina.
4.—ESFÍNTER INTERNO: Músculo en la base de la vejiga que la cierra como una compuerta y no permite el vaciado de la orina hasta que la señal de presión de VEJIGA LLENA hace que este músculo se abra de modo reflejo.
5.—URÉTER: Conducto por donde pasa la orina hacia el exterior desde la vejiga.
6.—ESFÍNTER EXTERNO: Es un segundo músculo que cierra también el paso de la orina después de atravesar un pequeño trecho de uréter. Éste se cierra y se abre de modo voluntario, y es lo que el niño debe aprender a controlar.

Figura 5.—*Funcionamiento general de la micción.*

28

riñones, y en un momento determinado, también pone en marcha un mecanismo para expulsarla hacia el exterior (ver fig. 5). Esa expulsión puede hacerse de modo voluntario o involuntariamente.

Existen a nivel de vejiga, pues, dos mecanismos básicos fundamentales con relación a este órgano y a la acción de orinar. Los niños tienen que aprender a retener y expulsar la orina de forma voluntaria desde la vejiga. Vamos a definir este proceso desde el punto de vista fisiológico:

En la enciclopedia audiovisual *Encarta* encontramos la siguiente definición sobre el funcionamiento de la micción y que por sus sencillez transcribimos aquí:

«La vejiga es el órgano en el que se almacena la orina formada en los riñones. Está compuesta por tres capas: un revestimiento mucoso denominado epitelio; una capa intermedia de fibras musculares involuntarias dispuestas en tres estratos, cada uno con una dirección distinta, y una capa más externa de tejido conectivo cubierta por arriba y por detrás por el peritoneo y entremezclada con el tejido conectivo de los órganos y músculos abdominales del organismo por delante y por debajo.

La orina llega a la vejiga procedente de los riñones por dos uréteres y se elimina hacia el exte-

FUNCIONAMIENTO DE LA VEJIGA

URÉTER

Conducto por donde llega la orina hasta la vejiga procedente del riñón.

MÚSCULO DETRUSOR

La vejiga se recubre de una musculatura flexible que se adapta a la cantidad de orina que se acumula en la vejiga. Es como la goma que compone un globo al que hinchásemos. De este modo se regula la presión de la vejiga. Pero llega un momento en el que el músculo estructor no se puede estirar más, hacia los 600 cm^3 y la presión en la vejiga aumenta de tal modo que se produce el reflejo de micción.

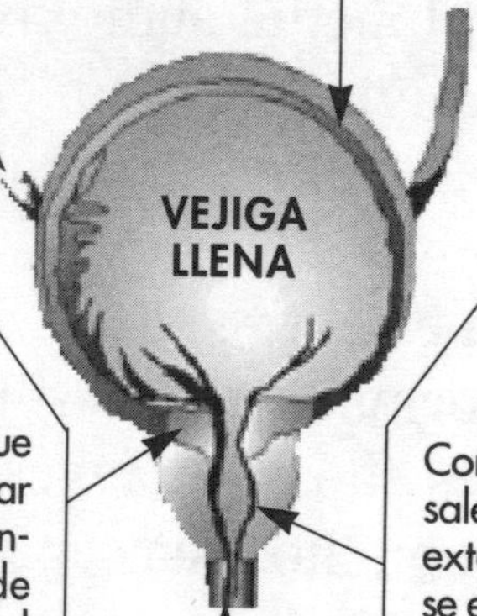

VEJIGA LLENA

ESFÍNTER INTERNO

Conjunto de músculos que tienen la función de cerrar el paso a la orina. El esfínter interno se abre de modo reflejo ante la señal de «vejiga llena».

URETRA

Conducto por donde sale la orina hacia el exterior, pero antes se encuentra con otra compuerta muscular.

ESFÍNTER EXTERNO

Conjunto de músculos que tienen la función de reforzar al esfínter interno. Esta compuerta muscular que cierra el paso de la orina hacia el exterior se puede cerrar y abrir a voluntad. Pero esa mecánica voluntaria debe aprenderse. Los niños están maduros generalmente antes de los tres años y después de los quince meses.

Figura 6.—*Vejiga y sus funciones.*

rior a través de la uretra. Los orificios uretrales descansan sobre el fondo vesical, a unos 3,8 centímetros de distancia del orificio de la uretra, que se localiza en la línea media de la vejiga en su zona más inferior. La capacidad varía en torno a un litro, pero se tiene sensación de llenado ("ganas de orinar") desde los 400 centímetros cúbicos.

La orina se forma en los glomérulos y túbulos renales, y es conducida a la pelvis renal por los túbulos colectores. Los glomérulos funcionan como simples filtros a través de los que pasan el agua, las sales y los productos de desecho de la sangre, hacia los espacios de la cápsula de Bowman y desde allí hacia los túbulos renales. La mayor parte del agua y de las sales son reabsorbidas desde los túbulos, y el resto es excretada como orina. Los túbulos renales también eliminan otras sales y productos de desecho que pasan desde la sangre a la orina. La cantidad normal de orina eliminada en 24 horas es de 1,4 litros aproximadamente, aunque puede variar en función de la ingestión de líquidos y de las pérdidas por vómitos o a través de la piel por la sudoración.»

1. Retención de la orina

Unos músculos componen el llamado esfínter interno (ver fig. 6). Como este esfínter exis-

FASE DE LLENADO DE LA VEJIGA

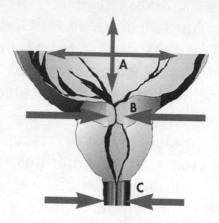

PUNTO A: La orina llega a los riñones y se acumula en la vejiga de modo que según sube su volumen ejerce sobre el detrusor una presión mayor a la vez que ésta va adquiriendo poco a poco su máxima capacidad de volumen, entre 600-1.000 cm^3.

PUNTO B: El esfínter externo se mantiene cerrado mientras la vejiga se llena; permite, mediante el mecanismo de la retención, que ésta no salga.

PUNTO C: El esfínter externo es una válvula de cierre muscular que asegura al esfínter interno. En esta situación los esfínteres se encuentran contraídos, no relajados...

Figura 7.—*Fase de llenado de la vejiga.*

ten dos en el área de la vejiga para que el mecanismo de la micción sea posible; el otro se llama esfínter externo.

Éstos son las compuertas musculares que cierran la vejiga para que la orina no salga.

El esfínter interno, situado en la misma base, y alrededor del canal por donde se expulsa la orina —canal llamado uretra—, retiene la salida de la orina y permite también su expulsión.

El funcionamiento del esfínter interno —en su relajación o contracción— está regulado de modo involuntario; es decir, se trata de una acción refleja del organismo. Se abre y se cierra de modo automático (ver fig. 6).

Esta compuerta muscular —esfínter interno— está reforzada posteriormente por otro esfínter más externo, que también evita la salida de la orina (ver fig. 6).

Pero esta segunda compuerta muscular tiene una característica singular: la podemos fácilmente controlar a voluntad; es decir, cuando el niño aprende a relajar o contraer esta compuerta a voluntad podemos decir que el niño controla el pis.

Así que, de modo voluntario, cuando se abre el esfínter interno (ver fig. 7) aún podemos retener la orina gracias a esa compuerta natural llamada esfínter externo.

FASE DE RETENCIÓN VOLUNTARIA

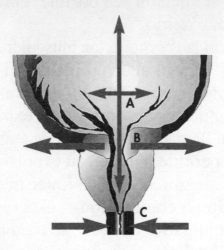

PUNTO A: Llega un momento en que la presión de la orina sobre el detrusor hace que salte el mecanismo de la micción afectando de modo reflejo al esfínter interno (B), que se relaja.

PUNTO B: Orinar es reflejo en el sentido de que los músculos del esfínter interno llegan a inhibir su contracción y se relajan dejando pasar la orina por la uretra.

PUNTO C: El único punto en que se mantiene la retención de la orina es en el esfínter externo, que continúa presionado, contraído, hasta que voluntariamente la persona lo relaja y la micción se efectúa, y esto se hace de modo voluntario, a no ser que la presión de la orina sobre la vejiga sea muy alta. Los niños con problemas enuréticos tienen dificultad para realizar esta acción de mantener contraído el esfínter externo, y se orinan...

Figura 8.—*Fase de retención voluntaria.*

Para que el niño aprenda a usar a voluntad esa musculatura llamada esfínter externo se debe someter a un proceso de aprendizaje. Este proceso está sujeto a muchas variables que más adelante comentaremos y que forman parte de lo que un padre debe saber para ayudar a su hijo a controlar el pis.

Así que cuando usted, por ejemplo, siente la necesidad de orinar lo que hace es cerrar el esfínter externo a cal y canto (está controlando orinarse encima) y cuando llega al «water» lo que hace es relajar el esfínter externo y permitir la salida de la orina en el momento oportuno.

Y es más, si usted quiere hacer el experimento de sentir la voluntariedad del uso de esa compuerta biológica, durante la expulsión de la orina, intente cortar el flujo que sale hacia el exterior y verá cómo el esfínter externo le obedece.

Pues ese uso del esfínter externo, cuando el niño lo aprende, se vuelve automático, se interioriza, se hace casi inconsciente y pareciera que es reflejo, pero no lo es....

Esta función fisiológica permite al niño poner en funcionamiento su sistema nervioso y con ello lo que hace es poner en marcha muchos automatismos, que, en conjunto, maduran al niño,

FASE DE EVACUACIÓN

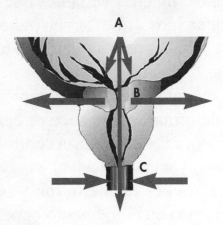

PUNTO A: Debido a la bajada de presión de la orina por su expulsión hacia el exterior por el uréter, el músculo detrusor que rodea la vejiga se relaja, y toda la presión va, con ayuda de ciertos músculos abdominales hacia el vaciamiento total de la vejiga. La micción se ha producido y todo el proceso comienza de nuevo...

PUNTO B: El esfínter interno una vez que la vejiga está totalmente vacía de manera refleja vuelve a contraerse para evitar que salga la nueva orina que le llega de los riñones.

PUNTO C: El esfínter externo realiza una operación semejante a la del esfínter interno, quedando como una válvula de seguridad para contraer la orina vaciando el esfínter interno. En los niños con problemas de enuresis esa contención de seguridad no ha sido adquirida. Este mecanismo se aprende.

Figura 9.—*Fase de evacuación.*

maduran sus reacciones fisiológicas, por tanto su cerebro y su capacidad de aprender...

2. Expulsión de la orina

Retener y orinar a voluntad son funciones de orden fisiológico muy complejo. Vamos a analizar lo que sucede cuando orinamos.

Siempre tenemos que partir de la vejiga para comprender el proceso completo de la expulsión de la orina. Existe en la vejiga una capa muscular que la rodea totalmente y que es simplemente un músculo llamado detrusor (ver fig. 9).

Esta musculatura es flexible, como si fuera un globo; es capaz de ir adaptándose a la cantidad de orina que llega por los uréteres procedente del riñón y que los esfínteres no dejan salir, por lo que la orina se acumula en la vejiga. Queda retenida.

El detrusor se ensacha más cuanto más orina hay. En el interior de la vejiga, debido a esa acumulación, se produce una presión cada vez mayor.

Cuando el músculo detrusor va adquiriendo su máxima capacidad de ensanche, en 400 centímetros cúbicos de orina acumulada aproximadamente, la presión se transforma en una señal de alarma, vía sistema nervioso, de vejiga llena y hacia los 600 centímetros cúbicos el músculo detrusor no puede ensancharse más, la presión aumenta y comienzan las contracciones de dicha musculatura —detrusor—, que se acentúa por momentos, marcando la urgencia de que debemos ir al baño.

Es el esfínter externo el que permite que la expulsión de la orina no sea posible hasta un determinado momento, cuando ya el esfínter interno está relajado.

La urgente necesidad de la visita al cuarto de baño se pone en evidencia con las contracciones del músculo detrusor.

Cuanto más presión exista en la vejiga y menos capacidad tenga la capa muscular del detrusor de ensancharse, más peligro se corre de verter la orina de modo incontinente. Esa retención es posible, como hemos dicho muchas veces, gracias a la intervención de la compuerta muscular llamada esfínter externo.

Cuando de modo involuntario la compuerta muscular interna — esfínter interno— se ha relajado y abierto para permitir la salida de la orina, el esfínter externo evita lo peor. Esto es, volvemos a repetirlo, lo que el niño aprende al controlar el pis, que, finalmente, se incorpora como un automatismo de segunda naturaleza.

Estos dos mecanismos básicos de retención y expulsión se aprenden en la infancia mediante el entrenamiento a que los padres someten a sus hijos. Y esto sólo se puede aprender cuando el organismo del niño está suficientemente maduro, y lo suele estar antes de los tres años y después de los doce meses, que es un buen momento para que el niño aprenda a controlar a voluntad el esfínter externo.

Orinar es un acto reflejo que está controlado por el sistema nervioso. El niño lo que hace es aprender a controlar este reflejo a través de saber relajar o contraer el esfínter externo a voluntad, según las circunstancias, para evacuar o no la orina de su vejiga. Para llegar a este punto el niño tiene que aprender muchas otras cosas:

— Orinar si lo desea aun cuando tenga poca orina en la vejiga.

— Controlar las ganas de orinar pese a que la vejiga esté muy llena.

— Saber distinguir las señales sensoriales interiores de la vejiga.

— Retener el flujo de salida.

El descontrol del pis se puede producir en un niño porque no llega a adquirir todos esos mecanismos funcionales que hemos explicado. No tiene por qué existir ningún tipo de patología orgánica para que el infante no aprenda a coordinar todos esos elementos del control de los esfínteres y de las acciones del músculo detrusor, que son realmente reflejos y que se coordinan entre sí.

Este aprendizaje depende de muchas circunstancias basadas en la experiencia que el niño vive en su casa con relación al pis, y si los padres no están mínimamente informados al respecto de esta cuestión puede que potencien el inicio de un problema de enuresis sin quererlo.

CAPÍTULO III

EL APRENDIZAJE DEL PIS
Y LA CACA

No podemos delimitar una edad ideal para que los padres inicien a los hijos en el control del pis y la caca, ya que como hemos dicho anteriormente el niño debe estar en condiciones físicas (sistema nervioso y de todos los mecanismos biológicos que intervienen) suficientemente maduro como para que aprenda este control sin sufrimiento y grandes esfuerzos, pues esto podría ser negativo.

De cualquier manera, como en otras cosas, existe una edad media en la que los niños han adquirido generalmente esa madurez física y pueden adentrarse en el control del pis y la caca, aunque hay que observar siempre un gran respeto por el niño y no obligarle nunca a hacer algo a lo que se niega, o vemos que no puede; en esos casos hay que esperar.

Generalmente, la edad en la que se inicia y se recomienda comenzar este proceso está entre los dieciocho y veinticuatro meses de edad, e incluso si el niño está maduro para ello (desde el punto de vista fisiológico) cuanto antes después de cumplidos los doce meses de edad.

Cuando el niño tiene tres años y su desarrollo y maduración siguen un proceso normal, el control voluntario de la emisión del pis y la caca debe haberse adquirido; o en otro caso, ya podemos hablar de que existe un problema en este sentido que se denomina enuresis (descontrol del pis) o encopresis (descontrol de la caca) y que la mayoría de las veces se debe a fallos del proceso de aprendizaje y no a causas de patología orgánica.

Controlar el pis y la caca es un aprendizaje importantísimo para el niño y no debiéramos quitarle como padres ni un ápice a su valor. Creo además que para iniciar al niño de una manera correcta en el mundo del control («aplazar algo para ejecutarlo en otro momento de manera voluntaria») pone a prueba la condición humana de serlo; es decir, se tiene la capacidad de controlar el impulso inmediato.

En la vida, el autocontrol tiene que ver mucho con esa voluntad de aplazar acciones inmediatas propiciadas por los impulsos; el control de los esfínteres hace madurar al niño en este sentido. Como hemos dicho, el niño con este aprendizaje va abandonar de alguna manera el orden natural y va a llegar al orden artificial de la naturaleza humana a través del aprendizaje de los hábitos de limpieza que su entorno le exige aprender en beneficio de su propia autonomía. El niño tiene que ceñirse a unos principios que le serán ya irrenunciables, a no ser que entre en el ámbito de los conflictos humanos.

Tan importante aprendizaje de transición no es un acto sencillo de adquirir; y por supuesto, no le es ajeno a su mundo mental, a su ámbito afectivo y emocional. Aprender a controlar el pis y la caca es una cuestión de gran envergadura dentro del aprendizaje.

Por eso, estos hábitos de limpieza son delicados de adquirir, y nos parece esencial que los padres sepan sobre las características del fenómeno con relación a sus hijos, en este caso tanto de las psicológicas como también sobre el funcionamiento fisiológico de cómo los seres humanos llegamos a controlar algo que en principio son actos reflejos que están fuera de la voluntad.

En realidad, saber cómo se produce el fenómeno del control de los esfínteres (así se llama al control del pis y la caca) nos da un conocimiento más racional para ayudar a nuestros hijos en el momento en que ellos están en el proceso de adquisición de este aprendizaje.

Figura 10.—*Niños en edad infantil compartiendo el «water».*

Resulta apasionante cómo en la educación infantil, niños y niñas comparten de modo natural incluso el aprendizaje del control de los esfínteres, lo cual es realmente interesante para romper la idea educativa de tratar de modo diferente a los niños y niñas por razón del sexo. Este es el modelo para lograr que los seres humanos nos contemplemos los unos a los otros en pie de igualdad, siempre con la prioridad de ser personas.

Los padres, a veces, andan un poco despistados con el significado real que tiene este aprendizaje; no le dan importancia por creer que las consecuencias son simplemente de carácter inmediato y transitorio, y de consecuencias puramente fisiológicas.

Lo cierto es que un niño no controla los esfínteres sólo desde un ángulo puramente corporal, sino que también es una conquista mental, de autonomía, de autocapacidad para controlar sus propias necesidades; tiene una carácter social y emocional porque se produce un aumento de autoconfianza y de autoestima, de autonomía personal y de identidad, y es social porque el niño llega a valorar que puede hacer lo que otros hacen.

Así, pues, aprender a controlar los esfínteres no se queda nunca en un simple controlar el pis y la caca como tal. Cierto es que este no es un aprendizaje con el carácter que pueda tener leer o escribir; sin embargo, el control del pis y la caca, de modo voluntario, afecta a otros muchos asuntos humanos; al favorecer la maduración del sistema nervioso el niño también está más maduro para aprender además otras cosas incluso de carácter puramente cognitivo. Cuando un padre simplemente dice de modo despreocupado:

«Ya controlará. El pediatra me ha dicho que ya lo hará cuando llegue su momento», simplemente puede ser un acto de despreocupación.

A veces, no se le da importancia porque creemos que es un tema en el que simplemente hay que controlar algo de naturaleza física. Eso es un error.

Comentando este asunto con algunos profesores de varios colegios y escuelas infantiles, realmente uno se da cuenta de la auténtica dimensión que tiene el aprender a controlar voluntariamente los esfínteres.

En el colegio «Los Abetos» de Manzanares el Real (Madrid) algunos profesores me decían lo que sigue:

—Los padres no colaboran muchas veces y nos vuelven tarumba —dice Yolanda, una joven profesora de niños de dos años.

—Los padres no hacen nada con mucha frecuencia —ratifica Miriam, otra profesora de niños de uno a dos años—. Por eso los niños se retrasan. Hay que quitarles el «dodotis» y no lo hacen...

—Quizá sea porque ignoran lo importante que es el tema —intervino Angeles, la directora del centro—, y le prestan mucha atención cuando se establece como problema; es decir, cuando el niño presenta enuresis o encopresis.

Está muy claro que la colaboración de los padres en un tema como éste resulta esencial. Aprender a controlar el pis y la caca, es verdad que es un aprendizaje básico, pero, al fin y al cabo, es un aprendizaje como otro cualquiera; en este caso está muy relacionado con la maduración orgánica del niño.

Sabemos que el niño no está aprendiendo matemáticas, ni aprendiendo a leer, pero sí está aprendiendo a utilizar y controlar su cuerpo de una manera autónoma, independiente, voluntaria; esto le da al niño realmente un sentido tremendo a su evolución personal, como el árbol en su nacimiento depende del desarrollo de sus raíces, o algo así...

Pregunté a las educadoras cuándo creían ellas que es el momento oportuno de sentar al niño en el orinal, quitarles el pañal durante la noche y el día. Yo sabía que en Francia, a mediados de este siglo, según ciertos estudios estadísticos, el 38 % de las madres empezaban a enseñarles hábitos de limpieza a sus hijos antes incluso de los cinco meses; subía al 41 % entre los seis y los nueve meses, y al 18 % entre los diez y los dieciocho meses —según datos de Ajuriaguerra.

Me llamaba la atención que al finalizar el siglo los hábitos de limpieza se iniciasen en el niño en torno al año y medio y los dos años; quizá esto se pudiera interpretar también en términos laborales y sociales, como expresión de que la mujer se había incorporado al mercado laboral y permanecía menos tiempo en casa.

Si esta hipótesis fuera cierta significaba que los niños aprenderían a controlar el pis y la caca a ciertas edades, no por causas puramente madurativas referentes al niño, sino por falta de apoyo social; es decir, porque no se expone al niño antes en un contexto oportuno, y bajo el control del adulto, a hacer pis y caca. Esta idea es la que en parte refrendan con sus comentarios las educadoras con las que hablamos. Me contestaron:

—Depende de cada niño —dijeron Miriam y Yolanda casi al unísono.

—Es verdad, depende del ritmo madurativo de cada niño —ratificó Ángeles—; pero si tiene tres años y no controla, esto es debido a que tiene un problema de sistema nervioso importante, o realmente los padres no han entrenado a su hijo para el control de los esfínteres, que es, por otro lado, lo más habitual.

La mayoría de los niños siguen unas pautas de maduración fisiológicas con un ritmo entre unos márgenes razonables en cuanto a la edad, y hay que entender las excepciones dentro de ese ritmo normal de desarrollo madurativo; también hay que tratar de entender por qué un niño no sigue un ritmo de evolución como la mayoría.

Escribe Ajuriaguerra que «el control esfinteriano depende de un sistema anatomofisiológico, sistema que únicamente tras un periodo de maduración podrá funcionar y cuya utilización dependerá de normas culturales». Esto quiere decir que controlar el pis y la caca depende del desarrollo de funciones puramente orgánicas, pero a su vez estas funciones se condicionan a contextos sociales (los padres tienen que poner a sus hijos a hacer pis y caca de una determinada manera; así también lo hacen en las escuelas infantiles...).

En el colegio «Los Abetos» hay niños de todas la edades, y esta conversación la mantenemos con educadoras correspondientes a la edad en la que el niño está normalmente controlando los esfínteres. Les reiteré mi pregunta de cuándo creían ellas que era más oportuno comenzar a entrenar a los niños en el aprendizaje del control de esfínteres.

—Al año —dijo Yolanda sin la menor duda.

—¿Al año? —interrogué tratando de aclarar esta cuestión—. Muchos padres se opondrían a que sus hijos comenzasen este aprendizaje a esta edad. Hacia los dos años lo admiten mejor.

—Eso sucede porque es más fácil quitarles el «dodotis» —dice Yolanda.

—Porque es más cómodo —apunta Miriam.

—El niño está a esa edad claramente maduro para el control —dice Ángeles.

—Entonces, si es así, ¿por qué quitarles el pañal a los doce meses y no a los dos años? —pregunté tratando de aclarar aquella aparente contradicción en el criterio para comenzar a enseñarles este hábito.

—¿Por qué? —se interroga Ángeles, la directora del centro, que también es especialista en la edad infantil—. Porque es uno de los aprendizajes básicos de esta edad. Hasta que no se le quita el pañal el niño no pasa a otro nivel de aprendizaje con mayor madurez para poder afrontar otras situaciones más complejas.

—Es verdad —dije yo—, por cuanto es un aprendizaje básico a nivel fisiológico.

—A nivel fisiológico y también a nivel mental —aclaró Angeles.

Los niños de la tierna edad centran gran parte de su actividad en el control de su propio cuerpo. Ya Piaget, con sus geniales observaciones sobre los niños durante el primer año de vida, determinó fenómenos como el de la inteligencia centrada en acciones corporales y que denominó con el nombre de inteligencia sensomotriz.

El niño primero usa su cuerpo, lo domina y luego mentalmente se lo representa. El control del pis y la caca pone en funcionamiento mecanismos muy sofisticados del cerebro, y de alguna manera con su ejercitación lo madura, lo activa y lo prepara al mismo tiempo para otras finalidades.

De alguna forma el control voluntario del pis y la caca se refleja en la actividad cerebral y como cualquier otro aprendizaje llega a formar parte de nuestra vida psicológica. No es que aprender a leer y aprender a hacer pis y caca a voluntad sean niveles de aprendizajes comparables; sin embargo, tienen en común que aportan madurez al cerebro para activar otras funciones.

En parte, esta puede ser la manera en que los seres humanos nos autoprogramamos y crecemos en complejidad. El control voluntario del pis y la caca tiene muchos niveles de influencia. En principio, se confirman tres tipos de factores que influyen: el madurativo, el social y el afectivo.

Ya Gesell explicó que a los quince meses el control del pis durante el día comienza a regularse de modo progresivo y a los dos años puede quedar totalmente regulado; pero, según este autor, es a los dieciocho meses cuando comienza el control nocturno; en este sentido, es para

Gesell entre los dos y los tres años cuando el niño adquiere de modo definitivo el control de la limpieza nocturna.

Por todas estas cosas, pregunté al grupo de educadoras:

—Entonces, hacer pis y caca a voluntad, ¿es también mental? ¿Me podéis explicar eso...? —pregunté poniendo mucho interés en esa nueva dimensión del tema.

—El niño empieza a hacer pis y caca en el «water» —explica Yolanda—. Nota que es más autónomo y se ve mayor, como los niños mayores que vienen a hacer pis y caca en el «water». No sólo afecta a la mente aprender ese automatismo de saber controlar el pis y la caca, sino que el niño lo valora con su mente emocional y se compara con los demás niños de su edad.

—Una vez que el niño hace pis y caca en el «water» —aclara Ángeles— con autonomía, como un mecanismo autosuficiente que queda en su cerebro, ya se puede dedicar a otras cosas. Ha resuelto un aprendizaje y el cerebro está maduro para aplicarse a otros asuntos.

Desde que Freud descubrió para el mundo de Occidente el misterioso universo del inconsciente y supo que existían muchas energías alrededor de la actividad mental de estas zonas, se dio cuenta de que las sensaciones que los niños recibían en su mente a través de la boca (alimentación), del ano (defecación) y de los genitales (micción) representaban el primer carácter erótico que los seres humanos tenían y que determinaba la evolución de la libido.

Es más, llegó a considerar que la personalidad, según predominase en el ámbito de las sensaciones placenteras lo oral, lo anal o lo genital, esto generaba un carácter en la personalidad, que influía para el resto de la vida, determinando un tipo de personalidad oral, anal o fálica en su predominio.

Con esto, realmente, lo que uno puede concluir es que los seres humanos somos inmensamente sensibles a todas las cosas que nos afectan del mundo de las sensaciones, en este caso interiores y orgánicas al propio cuerpo —interoceptivas.

El pis y la caca, por ser actos fisiológicos cargados de sensaciones que se transmiten al cerebro vía sistema nervioso, tienen que ser elaborados por nuestra mente consciente e inconsciente de un modo singular en la tierna edad. Es más, cuando al niño se le entrena para que aprenda a controlar, a voluntad, defecar u orinar en determinados contextos y lugares, eso activa también muchos mecanismos de orden psicológico, como más adelante tendremos ocasión de ver.

En nuestra charla me pareció importante ver cómo influían los padres en este aprendizaje aparentemente casi exclusivo en las funciones puramente orgánicas.

—¿Creéis que se debería aconsejar a los padres algo sobre la importancia de este aprendizaje del control voluntario del pis y la caca? —pregunté—. Muchos padres pueden ignorar esas otras dimensiones fuera de lo fisiológico...

—Los padres, a veces, creen que simplemente el niño debe controlar el pis y la caca sin ver más consecuencias en este complejo asunto —dice Yolanda—. Entienden que el control del pis y la caca es algo que simplemente ya le vendrá...

—¡Ya llegará! ¡No sabe! ¡Pobrecito, es muy pequeño! —dice Ángeles para describir la actitud permisiva de muchos padres.

—Habría que explicarles un poco la necesidad y la importancia de que cuanto antes se le quite el «dodotis» mucho mejor para el niño —dice Yolanda—. Pero eso no les entra en la cabeza a muchos de ellos...

Se sabe que la vejiga como sistema que regula la retención de la orina y también su expulsión está conexionado con el sistema nervioso de una manera muy compleja, y que intervienen para que estos mecanismos funcionen de manera automática, y luego, de forma voluntaria una ingente cantidad de centros cerebrales o nerviosos: nervio hipogástrico, nervios erectores, nervio pudendo y otros nervios sensitivos y motores de lo más complejos; intervienen músculos abdominales, y centros cerebrales como el medular de la zona sacrolumbar, unidos a la vejiga por nervios sensitivos y motores, a través de los cuales se regulariza la presión que la orina ejerce sobre la vejiga, y permiten la retención o la expulsión de ésta; también hay regulación de estas funciones con proyección en el hipotálamo, el rinencéfalo, en la corteza cerebral y lóbulo paracentral, etc.

Es verdad, pues, que el sistema nervioso debe estar maduro para que el pañal sea quitado, pero, si actuamos convenientemente en el tiempo, lo que hacemos es estimular todas esas funciones cerebrales, por lo que el niño ejercitará más y mejor su sistema nervioso.

Sin obligar nunca, sólo si el niño lo permite y disfruta con ello, y nos damos cuenta de que tiene capacidad para el control de los esfínteres, no es malo proponérselo en el sentido de crearle el ambiente y el contexto oportuno; y esto, simplemente, es proporcionarle un ejercicio de estimulación temprana.

Figura 11.—*Niño en un «water» infantil.*

¡Nunca jamás hay que obligar al niño a hacer algo que no pueda! Es verdad que la máxima seguridad de maduración la encontraremos en los niños de dos años, pero muchos de ellos pueden controlar el pis y la caca mucho antes —después de los doce meses.

Lo que necesitan es dedicación por parte de los padres en términos de tiempo, y eso es hoy en día un problema para nuestro estilo de vida: existe poco tiempo para las cosas, incluso las que se corresponden con nuestros hijos. Aunque esto sea una verdad a medias, lo cierto es que si comparamos los datos que antes expusimos sobre lo que se hacía en Francia a mediados de siglo y lo que se hace actualmente, está muy claro que algo ha cambiado, y esto apunta a que en el medio familiar el niño está más solo físicamente con relación a los padres que nunca. Estamos demasiado ocupados fuera de casa, quizá con la idea de que eso es lo mejor para nuestra familia y su bienestar... ¡No sé...!

Los padres necesitan a veces información y cuando saben realmente qué hacer y por qué deben hacerlo, sin duda, son muchos los que se ponen en marcha. En este sentido pregunté a las educadoras:

—¿Qué sistema utilizáis aquí para este aprendizaje? ¿Qué experiencias tenéis en este asunto?

—Consiste en hacer de ese acto reflejo que es hacer pis y caca en un acto voluntario —explica Ángeles sintetizando el principio fundamental del control de los esfínteres.

—¿Qué significa transformar un acto reflejo en un acto voluntario? —pregunté con ánimo de que me dieran más información.

—Aprovechar las circunstancias reflejas del niño —continúa diciendo Ángeles—, de hacer pis, por ejemplo, para que el niño se vaya dando cuenta. Entonces, se utilizan momentos más o menos claves como después de comer, después de la siesta..., para enseñarle cuándo y dónde debe hacer pis, y que poco a poco adquiera el automatismo de hacer pis o caca en ese momento, poniéndole un ratito en el «water» o el orinal.

—O sea, se aprovechan esos momentos claves —subraya Yolanda—, repitiéndolos todos los días, para que el niño vaya controlando los esfínteres de modo voluntario, vaya adquiriendo hábitos, tomando conciencia de cuándo y dónde se debe hacer pis y caca...

—Y que el niño tenga unos hábitos, eso ayuda a controlar —dice Miriam.

—Cuando los padres realmente quieren, en una semana le has quitado el pañal —dice Ángeles.

—Cuando los padres colaboran, en un tiempo corto logras quitárselo —confirma también Yolanda—. Entre los padres y la escuela infantil se puede ayudar al niño en este aprendizaje.

—¿Aquí se comienza con este aprendizaje del control del pis y la caca a partir de los dieciocho meses? —pregunto al grupo.

—No, no, no —dice Miriam.

—¿A los quince...?

—No, no, mucho antes —dice Yolanda—. Cuando empiezan a cumplir un año —entre doce y catorce meses— empezamos a sentarlos ya.

—Muchos padres se opondrán al verlos tan pequeños —les digo.

—Sí, sí, sí..., se oponen, pero, claro... —dice Yolanda—. Bueno, mejor dicho, no es que se opongan exactamente, pero en casa no ayudan, no colaboran en facilitarle al niño este control, y es como si se opusieran, porque aquí no podemos hacer nada. Se lo quitas en la escuela —se refiere al pañal—, pero si en casa no hacen lo mismo es como si aquí no hicieras nada. No se consigue nada. Es como si no hicieras nada.

—A la edad de doce meses —intervengo—, o trece, sí que hay que tener en cuenta que el niño esté maduro para eso; o sea, que sea capaz de controlar. No podemos, en absoluto, en lo más mínimo obligar... A los dos años, claro, se está ya más maduro con una probabilidad muy alta.

—Es verdad que a los dos años es más fácil —dice Yolanda—, pero si el niño puede controlar antes, ¿por qué no intentarlo? Le creas hábitos, madura más en su sistema nervioso, y eso es bueno para el niño de doce meses. Pero aunque el niño tenga dos años, si los padres no ayudan no adquieren el hábito, el pañal no se le puede quitar.

La discusión sobre cuál es la mejor edad para comenzar el control del pis y la caca es muy relativa, según los profesionales de la educación infantil, y esto lo iremos observando según hablemos con más educadoras en diferentes lugares y centros.

Pero lo cierto es que todo el mundo coincide en afirmar que la mejor edad es cuando el niño está maduro para iniciar este aprendizaje. Y esta madurez tiene que ver con que el niño tenga capacidad anatómica y fisiológica para controlar el mecanismo de los esfínteres.

Por otro lado, también coinciden en afirmar que este control lo debe lograr a unas edades características entre los doce meses y los dos años y medio de edad, no por tener esta habilidad, sino porque este aprendizaje prepara y madura al niño de modo general para otras cosas: le hace ser más autónomo, genera hábitos que le capacitan para aprender mejor, facilita la ejercitación del sistema nervioso y lo madura, favorece la seguridad en sí mismo y la autoestima personal...

No es importante el control del pis y la caca porque nos obsesionemos con que adquieran la mecánica anatómico-fisiológica, sino porque el niño a través de este aprendizaje llega a otras cosas... Si no tuviera esas implicaciones, lo que dicen los padres, «¡ya controlará!», es una máxima acertada, pero si no potenciamos contextos oportunos para que el niño ejerza ese control cometemos un grave error que va en contra del niño mismo. No pasa nada, pero no apoyamos convenientemente su desarrollo y maduración...

El grupo de educadoras continuaba su discusión:

—Por ejemplo —aclara Miriam—, con Juan, que tiene dos años, fue en dos días debido a la colaboración con los padres. Y con Lorena, que tiene ahora también dos años, es imposible porque los padres no colaboran.

—Con Juan, al llegar, se le dijo a los padres que era un niño muy mayor y que había que comenzar a enseñarle a controlar —cuenta Yolanda—. Empezó a venir en el mes de junio por primera vez a la escuela, y tuvo que pasar un periodo de adaptación al centro, por lo cual esperamos un poco a que esto pasara y no interfiriera con este aprendizaje. La madre estaba de acuerdo y además al estar embarazada quería quitarse cuanto antes de encima este asunto.

—Cuando a los padres les interesa colaboran en todo —apunta Miriam.

—Sí, sí —continúa explicando Yolanda—, y todo marcha de maravilla. Nos pusimos de acuerdo para hacer lo mismo en casa y en la escuela y en dos semanas fue radical: quitarle el pañal y el niño ni se hace pis ni caca, se sienta solo...

—Aquí lo que hacemos —dice Miriam—, es quitarle el pañal, se le sienta regularmente a sus horas, cada media hora aproximadamente; el orinal aquí son pequeñas tazas de «water».

—Esto es como las tomas de los biberones —explica Yolanda—. Al principio es cada media hora. Cuando llega le pones a hacer pis y luego vas poniéndole cada media hora. Al mismo tiempo se le va inculcando un hábito, hasta que llega a acostumbrarse a hacerlo antes de desayunar o después de desayunar, antes de ir al patio, después del patio, antes de la comida, después de la comida...

—Y el tiempo medio que se tarda en adquirir este hábito, ¿de cuánto es? —pregunto.

—Pues eso —dice Ángeles— depende de cada niño, de lo que progrese, de lo que se vaya consiguiendo...

—Depende de cada niño —dice Carmen—. En dos semanas se puede conseguir perfectamente. Por ejemplo, el caso que comentábamos antes de Juan no es el mismo que el de Lorena. Ella sigue con pañal y estamos así desde hace tres meses. Aquí le quitamos el pañal, pero en casa se lo volvieron a poner y después de las vacaciones ha vuelto con el pañal.

—Este tema se pone claramente en relación con la actitud de los padres, que, muchas veces, no hacen nada, o hacen todo lo contrario a lo que se les dice.

—Claro —dice Yolanda—, totalmente. Lo que ha hecho la madre con Lorena es ponerle el pañal para ir a todos los lados, ha sido lo más cómodo, ¡y punto! Ahora esa niña viene con retraso en este aprendizaje.

—Ha estado todo un mes en casa con pañales después de habérselos quitado —explica Miriam— y ahora viene como si no se hubiera hecho nada.

Otro punto de coincidencia entre todos los educadores, no importa en el sitio que estemos, se pone con relación a los padres. Hay dos tipos de quejas con respecto a la colaboración de la familia cuando nos enfrentamos al control enurético. Uno de ellos se refiere a la dejadez que los padres pueden presentar ante este tema, y hay mucha variedad de motivos, desde la pura pereza hasta el motivo de la ocupación y el trabajo. Por otro lado, también aparecen los problemas asociados a los padres que se agobian, que inmediatamente se preocupan de por qué su hijo deja de controlar, o por qué no es capaz de controlar ¡ya mismo!, y en este grupo también existen variedad de tipo de circunstancias: aparecen los padres que desean que el hijo controle porque el gasto en pañales es enorme y quieren eliminarlo cuanto antes, o lo que les abruma pensar que tienen que andar con la cuestión de quitar pañales no sólo a un hijo, sino al próximo que le llega, y comienzan los agobios.

Otro tipo de padres se agobian ante el asunto por el enorme cariño que tienen a sus hijos y temen lo peor: ¡que nunca pueda hacerlo!, y esta angustia se proyecta en los hijos produciendo multitud de problemas. Entre estas dos posturas hay que buscar el equilibrio.

Nos comenta Ajuriaguerra, citando un estudio de E. J. Anthony, que en la cultura inglesa y norteamericana las madres son severas con relación al control del pis y la caca, muy centradas en el control anal, y se ve mal que los padres no ejerzan un control severo sobre dicho aprendizaje e incluso se observa como algo realmente patológico si los padres se muestran liberales en este sentido.

Nosotros, desde aquí, estamos en contra de las obsesiones y de la coerción del niño bajo cualquier signo que se presente, pero también estamos en contra de la dejadez disfrazada de liberalidad. Al niño hay que proporcionarle contextos y circunstancias que favorezcan su desarrollo y maduración de un modo libre en estas edades, bajo una atmósfera de respeto a su ritmo madurativo, pero eso no significa que los padres se desentiendan de esta cuestión cuando deben trabajar sobre ella.

Educar significa dedicarse al otro para guiarle por el mejor camino posible, pero se puede entender como una dejación de funciones. No hay que ser rigoristas pero tampoco abandonados. Hay que buscar el punto medio...

—¿Qué consejo le soléis dar a los padres cuando se inicia el control de esfínteres? —pregunto al grupo de educadoras.

—Se habla con ellos de la conveniencia de comenzar a quitarle el pañal —dice Yolanda—. Por ejemplo, quedamos de acuerdo en comenzar un día. Arrancamos en el proceso un lunes, y ya los padres ese mismo fin de semana comienzan a quitárselo en casa; si son colaboradores toman ellos mismos la iniciativa.

—Los padres suelen preguntar —dice Miriam—, y se les da unas pautas. «¿Cómo se lo quitamos, qué hacéis, cuándo empezamos...?»

—Se le dice —explica Yolanda—: «Pues mira, cada cambio de pañal le sientas, hasta que se acostumbre al orinal, o al "water"; primero te pones con él en cuclillas por si se asusta, haces que se sienta confiado en esta nueva situación.» Hay niños que lo tienen muy visto y no les hace falta, pero es fundamental sentarse con ellos, estar un ratito con ellos. Una vez que se han acostumbrado al «water», fuera pañal. Con el centro, se empieza también lo que hemos dicho antes. Los padres mandan muda (braguitas, pantalones, o lo que sea...), y creamos un ambiente muy homogéneo entre lo que se hace en casa y en la escuela.

—Los niños, cuando presentan enuresis —le digo—, cuando son más mayores, está claro que uno de los factores que puede provocarlo es la falta de hábitos en este sentido, quizá en muchos casos por dejadez. Muchos padres tienden a la comodidad, a la apatía por un «Ya lo hará, total... a los cinco años seguro que no va a tener pañal...»

—Los padres —dice Yolanda— muchas veces se rigen por la comodidad e incluso cuando comienzan a quitárselo lo hacen a lo mejor porque va a venir otro niño y van a ser muchos cambios de pañales y mucha historia, y entonces se deciden por quitarle el pañal al niño más mayor.

—Por ejemplo —dice Miriam —, los padres de Ana van a tener un bebé y dicen que hay que espabilarla. Los padre de Tomás lo mismo. O sea, que muchas veces en este tema la incomodidad que producen las situaciones es lo que mueve a los padres a actuar, y no porque se observe una necesidad a trabajar este aprendizaje con el niño.

—Naturalmente —apunta Yolanda—, cuando viene otro hermanito los padres ven que van a ser dos niños con pañales y toman la decisión de quitárselo al mayor. El interés de los padres por el control del aprendizaje enurético no está tanto por lo importante que es este asunto como por una cuestión de interés, por la comodidad. No es así en todos los casos, pero sí en una mayoría.

—A un niño que no controla a su tiempo —explica Miriam— se le ve más bebé, más inmaduro. No controlar cuando toca se une en el niño muchas veces a otros asuntos de hábitos. No es que le pase nada, pero se ve cierto retraso con respecto a la conducta y los comportamientos de los otros niños.

Desde mi experiencia profesional como psicólogo de la educación infantil he podido ver cómo la ignorancia de los padres, no por un cálculo malvado hacia sus hijos, no por falta de amor o afecto, logra en algunos casos retrasar en tal medida a los hijos que se observan fuertes retrasos en comparación con los niños de su misma edad.

Después de una laboriosa investigación de diagnóstico llegas a la conclusión de que la ignorancia de un padre puede afectar a su hijo de un modo muy negativo. Recuerdo de inmediato dos historias independientes y alejadas en el tiempo cuyos resultados fueron iguales en ambos niños.

Por describirlo rápidamente, dos familias, de padres muy cariñosos y sensibles hacia sus hijos, habían evitado que influyera cualquier tipo de estimulación ambiental sobre ellos en los primeros años de la vida; de tal modo, que estos niños estaban durmiendo casi todo el tiempo posible, y se les proporcionaba un mínimo de estimulación para provocar en ellos un normal nivel de actividad.

Cuando decidieron llevarlos a la escuela infantil, en torno a los tres años, en el centro educativo orientaron a los padres sobre la confirmación de un retraso con respecto a los demás niños de su edad que estaban allí escolarizados; hecho que se confirmó cuando los padres, por diagnóstico de profesionales en pediatría y psicología, evaluaron un fuerte retraso.

Todo indicaba que algo sucedía. Efectivamente, ambas familias hicieron algo que se repetía en los dos contextos familiares: No proporcionaron estímulos oportunos a sus hijos por excesiva hiperprotección, por ignorancia de las consecuencias...

En uno de los casos, la madre mostró tal sensibilidad por cambiar su conducta, y dejarse guiar, que, cuando le proporcioné ejercicios de estimulación temprana, siguiendo un programa de actividades muy controlado y a diario, aquello cambió tan radicalmente que el hijo evolucionó una enormidad en un tiempo breve, con relación a lo que se esperaba a su edad.

La otra familia, igualmente sensibilizada ante estas circunstancias, tomó medidas que estimularon la normalización del hijo.

En ambos casos, los padres fueron realmente colaboradores. No puedo hablar igualmente de otros padres cuyo daño inconsciente al hijo no fue corregido cuando se les dio toda la información sobre el verdadero problema del hijo, y muchas veces estos padres son gentes acomodadas socialmente y con reputación cultural, pero obsesionadas y encerradas en sus propias opiniones, actitudes y criterios; también en sus propios problemas psicológicos y en sus expectativas con respecto a los hijos...

Aquí, ellos son las víctimas del orgullo de sus padres, de actitudes infundadas y rígidas... Lo único que queda es lamentarse por ello cuando viendo vías de solución no se ponen en práctica; por lo menos, intentarlo. Desgraciadamente las víctimas de estas actitudes son inocentes, y sus deficiencias, pudiendo haberse corregido en la edad de la ternura, se perpetúan, y muchas veces ya para siempre. ¡Lamentable...!

Nuestro grupo continuaba en la conversación sobre la relación que los padres deben tener con sus hijos al enfrentarse a las diversas problemáticas que presentan los hijos.

—Hay niños muy mayores que vienen con chupete y pañal —explica Yolanda—. Lo que hacemos primero es tratar, progresivamente, de quitarles el chupete y luego el pañal, para que no sea un cambio muy brusco y de muchas cosas al mismo tiempo. Porque quitarle el chupete a un niño es muy fuerte y lo que no se puede hacer es unir bruscamente dos temas tan delicados e importantes para el niño: ¡Fuera chupete y fuera pañal!

Figura 12.—*Niñas con juguetes.*

Es muy importante que los niños vivan el control de esfínteres desde el ángulo lúdico. No se trata sólo de aprender a controlar unos músculos —esfínteres—, sino de tener la paciencia de estar sentados y quietos durante un tiempo. Todo eso son hábitos de autocontrol que hacen madurar al niño pequeño para otras cosas. Debemos reforzarlos para que soporten esas condiciones de una manera positiva. Por eso, darles cuentos o juguetes durante esa acción fisiológica hace que el niño viva de modo positivo sentarse en el orinal, o el «water», lo cual refuerza el control de esfínteres. Hay que tender a que todo sea lo más positivo posible para el niño.

—Claro —dice Miriam—, y con relación a cualquier otra cosa. Antes dijimos que cuando un niño comienza a venir a un centro de educación infantil por primera vez, sería desastroso dejar de lado el período de adaptación y comenzar a quitarle el pañal. Primero esperamos a que se adapte al centro y cuando está cómodo se puede iniciar este proceso.

—Sí —añade Yolanda—, otra circunstancia es la que hablábamos antes, tener un hermanito. Si el niño tiene un hermano al que tiene que adaptarse debido a los muchos cambios que esto puede suponer en el medio familiar, y le añadimos que tiene que hacer el esfuerzo de controlar los esfínteres, este es un momento poco adecuado para quitarle el pañal.

—Entonces lo que queréis decir es que no podemos quitar el pañal sin antes tener en cuenta las circunstancias que rodean al niño, y que le afectan directamente. Debemos buscar, pues, dentro de la edad en la que debe aprender a controlar, el momento más oportuno, o la mejor coyuntura.

—Por supuesto —asevera Miriam—. Con cada niño hay que tener en cuenta que no lo pase mal, que no sufra. Cuanto más feliz logremos que el niño esté cuando comencemos estos aprendizajes, o hábitos, mucho mejor.

Está muy claro que uno de los temas importantes que debemos considerar siempre con relación a nuestros hijos es el grado de influjo que podemos ejercer sobre ellos. Una de las cosas importantes es admitir que cuando quitamos un chupete, o hacemos que nuestro hijo controle el pis y la caca, o cualquier otra cosa, eso es educar, y las cosas que hacemos le afectan, pues, aunque pueda parecer poco importante, eso está influyendo.

Si nuestra conducta educativa llega a ser muy extrema, aunque amemos mucho a nuestro hijo, podemos dañarle; por eso, informarse nunca está de más, así como ser moderados en nuestras actitudes y comportamientos relacionados con nuestros hijos, principalmente en la edad de la ternura (primeros años de la vida).

—Antes hablábamos —intervengo— de lo importante que resulta relacionar el control enurético con el tema de la autonomía personal, que por cierto la ley de educación infantil establece un área educativa con este nombre, que se llama «Identidad y autonomía personal». Pero también tiene que ver mucho con la educación psico-afectiva de eso que se ha dado en llamar la autoestima, y que podríamos relacionarla incluso con lo de la inteligencia emocional.

—Hombre, claro —dice Yolanda—. «Soy, o seré, mayor...» Por ejemplo, los niños mayores, que ya controlan el pis, tienen que pasar a un «water» que existe en un aula y los niños que no controlan —son más pequeños de edad— observan muchas veces a los más mayores —alrededor de dos años o dos años y medio.

—Ven cómo los niños orinan de pie y los más pequeños, por imitación, lo intentan también, aunque sea, yo qué sé, por cualquier esquina; lo intentan, y se ven mayores... El día que consiguen hacer pis de pie en el «water», como los niños mayores, ¡no veas!, es que no caben dentro de sí. Aunque muchas veces esos intentos suponen que al colocarse la colita, o al intentar orinar, se esparza el pis por el suelo o se humedezca la ropa. Pero la satisfacción que el niño recibe es enorme. Sólo el intentar hacer pis de pie como los niños mayores les llena de satisfacción. Y en las niñas hacerlo en cuclillas...

—Por eso a un niño que se hace mayor y no controla le afecta en todo —añadió—. Hay que ver la satisfacción que podemos observar en los niños pequeños cuando logran esas pequeñas cosas que para los adultos son cosas nimias y obvias. Por ejemplo, me viene a la mente, cuando el niño coge de manera autónoma la cuchara por primera vez e intenta llevársela a la boca, ¡hay que ver como se pone!, pues, en lo que menos atina, precisamente, es en llevar la comida a la boca.

Unos padres escrupulosos y pendientes de la limpieza no dejarían que el niño realizase esta práctica con la cuchara, y evitarían que el niño se ejercitarse en cosas tan importantes desde el punto de vista perceptivo como es la experiencia de coordinar los movimientos de las manos con relación a la vista; base de tantos aprendizajes importantes como es la aparición posterior de la escritura. Hay que dejar que el niño, aunque llegue al principio la comida al techo, logre hacer ejercicios de coordinación vista-mano.

Otra situación que yo recuerde en la que los padres interfieren de modo negativo es la cuestión de hacer hijos patosos. Muchas veces he sido consultado a este respecto por padres que observaban poco hábiles, desde el punto de vista motor, a sus hijos. ¿Y por qué?

Después de analizar muchas situaciones resulta que encuentras que los temores de los propios padres a que sus hijos se caigan hacen que los hijos tengan también temores a realizar movimientos o actividades que entrañan el peligro de caerse, lo cual está evitando la ejercitación gruesa del movimiento motor, y lógicamente el

Figura 13.—*Niña y niño.*

niño puede llegar a ser patoso. Nada tiene que ver esta patosidad con cuestiones heredadas, sino con actitudes y temores de los padres que se proyectan sobre los hijos. No hay mala intención, pero eso no importa, el efecto en estos casos es igualmente negativo.

Un niño que se hace mayor, como decía antes, y no controla le afecta a su psicología.

—Le afecta a su mente —dice Miriam—; también a la relación con otros niños. Un niño que no controla le afecta a su trabajo escolar. Si unos niños de la misma edad están junto con otro niño que tiene chupete, no controla el pis —lleva pañales—, éstos, en su relación con él, le tratan como si fuera un bebé. Y el que no controla se da cuenta de que los otros son diferentes en este sentido. Se dan cuentan de todo esto, y eso afecta al niño en su autoestima y en la relación que establece con los demás.

—Y es que los padres no se pueden imaginar —dice Yolanda— lo fácil que sería y lo bien que sentaría al niño quitarle el chupete cuando se le debe quitar y el pañal. ¡Es que no se dan cuenta de la importancia que esto tiene! —reitera.

—¡Claro!, creen que es un proceso puramente fisiológico y que no tiene otra trascendencia. Y en esto hay muchos médicos pediatras que refuerzan a los padres en esta postura. «Es que el pediatra me ha dicho que ya controlará», dicen.

—¡Y eso llega al alma! —replica Yolanda—. ¡Te duele un montón! Hace mucho daño porque esos niños se hacen ñoños, llorones, están pendientes siempre de las personas mayores, no tienen autonomía ni tienen capacidad de decisión por ellos mismos para decir: «Pues voy a hacer esto!» O para defenderse, por si otro niño le está pegando, que sepa autoprotegerse.

Si un niño lleva pañales o chupete cuando es mayor para ello, eso tiene una interpretación clara: es un niño hiperprotegido, supermimado, no le puede tocar nadie... Y eso afecta a todo, incluso al aprendizaje general.

Las educadoras, en estos puntos, se encuentran casi todas en una sensibilidad alta; hay que preguntarse el porqué nuestra sociedad es tan hiperprotectora.

Uno llega a la conclusión de que son los temores, los miedos que nos llenan de ansiedad y de angustia. Son miedos que se producen por nuestro estilo de vida, por nuestra forma social de vivir. Nuestra cultura tan despiadada, a veces, tan materialista, tan llena de un «doy y me das». De un «hacer todo a cambio de algo».

Nuestra cultura, tan abocada al individualismo, a la competitividad, llega a generar en sus individuos una situación insalvable de neurosis. De tal modo, que lo que hacemos a los demás tememos que sea hecho con nosotros. Sospechamos que los demás nos hagan lo que se suele hacer en una sociedad «salvaje» como la nuestra, en una sociedad sin valores y poca ética.

Así que los individuos de esta sociedad tratan de protegerse contra el mismo mal que ellos de alguna manera también producen, y el individuo se protege. Se llega a hacer un guerrero contra la invasión enemiga.... Los castillos ahora se establecen en los hogares, se crean fortalezas contra el enemigo.

Surge la neurosis colectiva... Uno de los síntomas de que eso es así se manifiesta en la hiperprotección de los hijos.

¿Por qué la gente hiperprotege a los suyos, a los que ama profundamente? Porque teme lo que hay más allá del ámbito familiar e íntimo; y claro, todo en esta guerra es una gran locura contra el otro, y quizá con mucha razón. Este es el síntoma claro que da la razón a tantos y tantos pensadores que lo largo del siglo han ido prediciendo nuestro caminar paulatino hacía el ámbito de la alienación social; o sea, hacia la locura colectiva... ¿No estamos, quizá, todos un poco o muy locos...?

Los hijos deben ser defendidos contra ese mal, pero esa lucha no lleva a ninguna parte, porque es una lucha contra el temor admitido. Las familias, pues, al hiperproteger encierran a los individuos en bellas almenas de castillos fortificados. Los hijos crecen en la zona del desequilibrio. Y esto es un mal real. No podemos ser una sociedad armoniosa e integrada...

Y seguimos con nuestra conversación, que llega al hilo de la recomendación.

—Eso es muy importante. ¿Vosotras creéis que en un niño que no controla en su momento también eso puede actuar contra el ritmo de aprendizaje?

—Yo creo que sí —dice Miriam.

—Influye en los aprendizaje a todas luces —asevera Yolanda—. Un niño que controla antes es también más capaz para otras cosas. Tú le dices: «Pues mira, como eres mayor ya te vas a quitar el pañal.» Y como es capaz de hacerlo, y suficientemente mayor como para realizar cualquier otra cosa que están haciendo los demás niños de su edad (pintar, punzar...), se da cuenta de que él también puede hacerlo y se superará a él mismo.

Lograr controlar los esfínteres le dará una confianza básica que generalizará a otros aprendizajes. Pero si ve que no controla el pis como sus iguales, eso le creará por el contrario un clima de desconfianza en sí mismo (baja autoestima).

—¡Y eso lo es todo! —dice Miriam—, pues son experiencias básicas que el niño generaliza haciéndose de ese modo un niño seguro o inseguro.

—Claro, si un niño ve que es capaz de hacer las cosas, se superará a sí mismo, y esto es la autoestima positiva. La autoestima lo es todo. Si un niño no tiene autoestima no hace nada por más que nos empeñemos. Quiere esto decir que, por ejemplo, le pones a picar un cuadrado, y el niño dice: «Es que yo no sé.» «Es que yo no puedo...» «¡Tú eres mayor como todos y puedes!» —le dices—. Y eso hay que empezarlo a hacer desde el pañal. Empiezas ya desde un año y le dices: «Como ya eres mayor ya no llevas pañal, ¿eh...?», y le das en el culete unas palmaditas cariñosas para que note la importancia de su logro. «Que no llevas pañal —se le repite —, que me avises cuando quieras hacer pis, que ya eres mayor, ¿sabes?». Pues todo eso conlleva que el niño se da cuenta de que puede hacer las cosas y la confianza en sí mismo aumenta.

—El control del pis llevado en la escuela además de casa, añade a este aprendizaje una perspectiva muy interesante. Mientras que en casa suele ser un control que se ejerce de modo individual de los padres hacia el hijo, en la escuela suelen ser grupitos de niños los que están al unísono aprendiendo el control de esfínteres. ¿Qué ventajas tiene esto?

—Sí, sí —dice Miriam—, les gusta más. Yo les quité el pañal a Enrique y Guillermo a la vez y dejaron de llorar, cuando antes se lo ponía independientes. Los niños, cuando la actividad de orinar se hace conjuntamente, se observan y aprenden muchas cosas sobre su identidad corporal y sobre la anatomía de su sexo.

—Laura le decía a Enrique —comenta Yolanda—: «Y tú tiene colita.» Le responde: «Sí». Y ella dice: «Pues es que me tiene que comprar una mi mamá.» Es un momento en que están juntos, se miran. El «water» es un lugar para los niños de esta edad muy significativo; cuando están en grupo sirve para la socialización y el aprendizaje, controlar los esfínteres en la escuela infantil no es un mero aprender una función fisiológica de tipo mecánico. Hay mucho más en todo ello.

82

—Para la propia identificación sexual resulta a las claras muy importante —digo con el ánimo de crear polémica en este asunto.

—Claro, aprenden que los niños y las niñas tienen órganos genitales distintos —explica Miriam—, que tienen «wateres» distintos, que los niños y las niñas orinan de forma distinta (en pie, o en cuclillas, sobre la taza...). Aprenden a discriminar muchos aspectos incluso relacionados con la identidad sexual.

—Cuando un niño pequeño se sienta sobre la taza —nos cuenta Yolanda—, y llega otro niño más mayor, le dice: «¡Que tú eres niño!, y el tuyo es este.» Ellos mismos van aprendiendo a discriminar muchos aspecto básicos con relación a las diferencias de sexo. E incluso no hace falta decirles nada, ellos mismos se dan cuenta de ello... Y es que este tema tiene una gran importancia; si los padres lo analizaran, verían lo esencial que resulta todo este asunto...

Hubo un libro titulado *Educación sexual en la escuela* de Editorial Popular, que, en su momento me llamó mucho la atención, con relación a este tema que tratamos, sobre niños de dos a cuatro años. Comenta que: «La vida de cada día en la escuela infantil presenta una serie de hechos naturales: algunos niños necesitan ir al "water" para mirarse, tocarse o descubrir al otro sexo; se oyen muchas conversaciones relacionadas con el "tú no tienes y yo sí...", "si me la enseñas te daré..." (refiriéndose al pene); muchos juegos espontáneos con el pipí y la caca, juegos de médicos y enfermeras..., son naturales en este medio", y permiten al niño identificar su propia identidad masculina o femenina.»

En este libro el inicio del control de esfínteres se localiza entre los doce meses y los dos años, y se manifiesta que: «Los niños juegan con la caca y el pis. En la escuela nunca se les mostró como algo feo o asqueroso; para ellos es importante su producto. Tampoco se obliga a un control prematuro, pues ello puede provocar problemas de estreñimiento y posteriores descontroles. Este proceso va ligado a la afectividad y el desarrollo psíquico del niño.»

—Muchos adultos contemplan este aprendizaje desde su perspectiva —dice Miriam—. Por eso se pierden los matices que corresponden a la infancia. Si se dieran cuenta de lo importante que es quitar un pañal y un chupete daría gusto...

—A mí eso del pediatra —asevera Yolanda—, que como profesional sabrá mucho más de niños que nosotros, en este asunto, me parece que cometen, muchos de ellos, un grave error al ver sólo en esta función algo que pareciera que no trasciende en absoluto a la vida mental y de relación social del niño. La forma de orientar que tienen muchas veces a los padres es inadecuada, cuando sólo ven en todo este aprendizaje una cuestión de tiempo y de automatismos mecánicos.

—¡Por supuesto! —asienta Miriam.

—Recuerdo lo que nos pasó con una niña que cumplió dos años; íbamos a llevar al grupo a la piscina, y ella, como tenía pañal, no podía ir a clase de natación. La madre quería que fuera, pero le dijimos que con pañales no podía ser. Tardó dos días en quitarle el pañal. Yo me pregunto: ¿por qué esta actitud de muchos padres cuando el control enurético beneficia en tantos aspectos a un niño? La única respuesta es que muchos padres se rigen por la comodidad, y si les dices que es muy importante para los aprendizajes es que ¡no se lo creen!

—No lo ven —dice Miriam—. El otro día la madre de Susana me preguntó que cómo lo hacía para que su hija controlase. La niña tiene tres años. El año pasado se lo había explicado. Aunque se lo diga de nuevo y nos pongamos, no me va a hacer caso. ¿Qué hacer...?

Ángeles vuelve después de un periodo de tiempo ausente de la conversación e interviene diciendo:

— Muchos padres quitan los pañales a los hijos durante el día y no por la noche —explica—. Porque ellos consideran que el niño no lo puede aguantar. El niño si controla de día puede controlar de noche. Si controla de día significa que está maduro para controlar por la noche. Los ven muy pequeños y de noche no le quitan los «dodotis», y muchos niños tienen tres o cuatro años y siguen llevando pañal, y eso da unos problemas...

—Claro, en muchos casos, puede llegar a producir la enuresis nocturna. Son permisivos probablemente por lo que venimos diciendo, creen que la cuestión es puramente de regulación fisiológica, y eso es un error.

—Si durante la noche se intentase quitar los pañales igual que de día —explica Angeles—, al mismo tiempo, muchos niños aprenderían a controlar el pis sin ningún tipo de problemas mucho antes de lo que es frecuente.

—La coordinación en este sentido entre los padres y la escuela es fundamental, ¿no...?

—Es un hecho fisiológico que guarda una gran relación con la madurez general del niño —dice Ángeles—. Además es que está comprobado, una vez que, tiene el control de esfínteres bien interiorizado el niño da un salto enorme, porque su cerebro está ya preparado para dominar otras cosas.

Estas circunstancias que nos comentan las educadoras son realmente muy importantes porque los fallos en este aprendizaje se deben muchas veces a que los padres frenan, o no lo posibilitan adecuadamente, porque hacen un mal uso de los aspectos de higiene como los pañales, pues se emplean a lo mejor durante excesivo tiempo, se quitan y se ponen durante periodos inadecuados (no usaba ya pañales, pero, durante las vacaciones cambió el asunto).

O la excesiva preocupación porque haga pis hace que el niño rápidamente vaya al «water», lo que evita que la vejiga del niño retenga más orina, y podemos hacer que el funcionamiento general de retener y expulsar la orina comience a funcionar de modo poco coordinado y generemos un problema de enuresis.

Si mantenemos durante la noche al niño con los pañales a una edad imprudente cometemos un error, si al niño no le pasa nada desde el punto de vista orgánico. ¿Por qué? Porque es el cerebro el que controla todos los procesos orgánicos y existen centros que vigilan todas y cada una de nuestras funciones.

Cuando la vejiga se llena, mientras estamos dormidos, de ella parten señales a estos centros nerviosos que activan el sistema reticular y nos despertamos de modo automático para visitar en un tiempo oportuno el «water».

Pero resulta que este proceso se aprende, y si el niño tiene pañales evitaremos que esa función de despertarse que provoca la sensación de la humedad de la orina sobre la piel el niño no la recibe y el cerebro no aprende a interpretar la ingente cantidad de señales que parten de los órganos implicados en este proceso, incluido el de recibir sensaciones de alerta frente a la piel húmeda.

¿Cómo puede un niño con pañales manejar esas sensaciones y potenciar un control que es anterior al hecho de orinarse, si esto no tiene ninguna consecuencia? Es decir, el niño se habitúa a que se expulse la orina sin más cuando la vejiga funciona de modo reflejo y tampoco se siente la humedad molesta en la piel porque la orina es absorbida por la gasa, y se puede, en consecuencia, producir un problema de la enuresis si esto es así hasta los tres años.

El hecho de que el cerebro durante el día, y especialmente durante la noche, sepa «vigilar» todas esas funciones de manera automática, de forma semi-inconsciente, supone un salto cualitativo del funcionamiento del cerebro de primera magnitud; por eso cuando Ángeles comentaba que se nota incluso en los aprendizajes al niño que de alguna manera ha aprendido cuanto antes (sobre doce meses o un poco más) a controlar el pis, eso supone también que el niño se está capacitando de modo general para cualquier otra cosa... Es como una especie de aprendizaje clave, o aprendizaje llave...

José Cáceres dice que, en alguna ocasiones: «Son las mismas reacciones de los padres las que contribuyen al comienzo y mantenimiento del problema enurético. Así, todas aquellas reacciones de los cuidadores o de los padres que permiten al niño darse cuenta de que el hacerse pis puede acarrearle ventajas, tales como cuidados y atenciones maternas extras, mayor contacto corporal provocado por la limpieza posterior, etc., mientras que el desarrollo de hábitos adecuados por parte del niño —el no mojar la cama— se ve acompañada de la más absoluta indiferencia por parte de los padres, pueden potenciar y afianzar el desarrollo del problema.»

Lo cierto de todo esto es que la actitud de los padres hacia el control del pis y la caca resulta tan fundamental como la capacidad madurativa del niño. Lo peor de todo es la indiferencia, y por supuesto, respetar la maduración del niño.

Me interesaba mucho la opinión de otras educadoras de otros centros de educación infantil, y me decidí a investigar un poco más cuál era la opinión de otros profesionales que llevaban muchos años atendiendo el control del pis y la caca de los niños que les dejaban allí.

— ¿Te planteas una edad para empezar el control enurético? —le pregunto a Rosa, la educadora encargada del grupo de niños de uno a dos años.

—¡No! —me dice muy segura de sí misma—, yo no me planteo ninguna edad. Yo me planteo la madurez del niño, porque si el niño no está maduro no hay por qué iniciar este aprendizaje.

—¿A qué llamas madurez para enseñarle el control del pis y la caca a un niño?

—Cuando ves al niño en sus cosas lo suficientemente mayor, el niño lo habla, lo pide... ¡No se puede forzar el control de esfínteres! —dice Rosa muy segura de sí misma.

—O sea, que tú ves que el niño es capaz de hacer otras cosas...

—Sí, sí... Además, cuando el niño quiere empezar con el control de esfínteres te lo está pidiendo, porque él te dice: «Tengo caca. Tengo pis...» El niño está molesto por el pañal...

—Entonces, pues, si vemos que el niño está molesto —pregunto a Rosa— es un indicador de que es bueno comenzar con el control de esfínteres, ¿no es así...?

Figura 14.—*Niños haciendo pis.*

Los niños que van a la escuela infantil aprenden a convivir con otros niños. Ellos suelen estar muy pendientes unos de otros, y son, entre
ellos, fuente de observación continua. Cuando
uno ve que no hace, o no puede hacer, lo que
otro de su edad, esto afecta a su autoestima.
El control del pis es un aprendizaje que en muchos casos comparten entre ellos. De alguna
manera unos son modelos para los otros, de
tal modo que eso ayuda.

—Sí, sí, ese es un claro indicador de que el niño necesita que le enseñemos a controlar.

—¿Hay que informar a los padres inmediatamente de esta necesidad? —le pregunto con ánimo de ver qué consejos se les pueden dar desde su punto de vista.

—Los padres deben estar muy atentos —dice Rosa—. Pero también a lo mejor ese niño tiene dos años o dos años y medio, y por la edad los padres creen que hay que quitarles el pañal. ¡Y no!, no es por la edad, sino por la madurez.

—Pero, normalmente los niños maduran —le digo—, y llegan a una edad media en que este aprendizaje la mayoría de ellos lo han iniciado o lo tienen adquirido. Decir que un niño a los tres años no ha iniciado o adquirido este aprendizaje es ya un problema.

—En este sentido —nos cuenta Rosa—, entre los dos años, y los dos años y medio, es una edad media muy interesante.

—¿No crees que el niño también está capacitado para ello antes, por ejemplo, desde los doce meses en adelante? —se lo pregunto para saber qué opina, ya que existen educadores que ven oportuno comenzar antes estos hábitos.

—El niño puede estar capacitado a esa edad, y si puede iniciarse —me aclara Rosa—, ¿por qué no hacerlo si el niño está maduro para ello? Por ejemplo, a mí me gustaría comenzar con Javi. Va a hacer dos años el mes que viene y es capaz... Un niño a los doce meses por muy avanzado que esté...

—¿Tú qué aconsejas, pues?

—Yo, por mis años de experiencia, lo que te digo —me ratifica de un modo muy seguro— es que la edad ideal para mí está en los dos años, y como muy avanzado a partir de los dieciocho meses.

—O sea, a esa edad —le pregunto— tienes ya la seguridad de que lo va hacer.

—¡Nunca!, ¡nunca! —niega rotundamente mi afirmación— tienes la seguridad de que lo va hacer! Hay niños que les cuesta más que a otros. Igual que un niño te controla mucho antes el pis que la caca, te puedes encontrar con un niño que te controla mucho antes, a los dieciocho meses.

—¿Cómo le planteas estas cuestiones a los padres?

—Lo más importante, ¡que no se agobien! —dice como si no tuviese ninguna duda sobre ello—. Si ellos se agobian, los niños se agobian..., y eso es un verdadero problema.

—O sea, el agobio de los padres, y como consecuencia el agobio proyectado hacia el hijo, es de las peores cosas que tiene este asunto del control de los esfínteres. ¿Y por qué cree que sucede esto del agobio?

—«¡Ay!, ¿por qué mi hijo se hace pis...? No va a controlar nunca...» —dice Rosa sobre las quejas de algunos padres—. Quizá por ansiedades y expectativas ante este asunto... Si el niño se hace pis, se tiene que hacer pis, y no pasa nada.

—¿Sólo por eso? —le pregunto.

—El niño se tiene que hacer pis, sentirse incómodo para que lo note su sistema nervioso y sienta: «¡Ah!, pues tengo que aguantarme!», y aprenda de esa forma a controlarlo —explica Rosa con un sentido de la rotundidad evidente y que está constatado que es así por la ciencia de la conducta humana, la psicología y también por la fisiología.

—¿Y qué opinas de esos padres que se despreocupan de todo este asunto? Padres que no hacen caso, que no siguen las indicaciones que se les recomiendan.

—Yo nunca he tenido problemas con eso —dice Rosa—. Yo les digo: «Vamos a quitar el pañal», y muy bien.

—Vamos a ver, ¿cuál es el procedimiento que sigues para quitar los pañales?

—A mí me lo suelen traer al centro con el pañal —explica Rosa—. El niño está un ratito, espero a que se reúna el grupito que está en este aprendizaje, suelen ser varios, y les pongo en el orinal. Estamos cantando canciones o entretenidos con cuentos de imágenes... Yo no suelo coger un día y empezar con esta tarea directamente, sino que voy poco a poco y marco el objetivo de hacerlo en un trimestre. Por ejemplo, me digo, ahora a principio de curso, a la hora del cambio, a las once de la mañana, en vez de quitar el pañal y ponerle otro, le siento en el orinal un poquito, luego le quito del orinal, y le pongo el nuevo pañal.

—¿Tienes en cuenta hacer algo con los niños mientras tanto?

—Sí, claro —me contesta como si fuera algo obvio—. Siempre les tienes que tener entretenidos, pues hay niños que te lo aceptan y otros no, y hay que reforzarles positivamente esta situación. Hay niños que rápidamente se levantan y no te aguantan y otros sí. Por eso tienen que estar entretenidos. Es como si los sientas en una silla....

—En este sentido de contexto social, ¿tú crees que se hace igual en la escuela infantil que en casa por parte de los padres?

—Con los padres que me han pedido información —contesta Rosa— me coordino con ellos para que hagan en casa más o menos lo que se hace aquí. La colaboración de los padres en este sentido es fundamental, facilita mucho este aprendizaje. Yo les explico a los padres la manera en que lo hago para que exista una continuidad, y hablamos también por si existe alguna novedad, o cualquier cosa, para que me lo comuniquen a mí y estar yo informada.

—¿Quién suele tomar la iniciativa en esto?

—Suelo tomarla yo —explica Rosa—, pero también hay padres que tienen iniciativa. Hay algunos padres que les corre prisa quitarles el pañal.

—¿Por qué cosas les corre prisa a algunos padres?

—Pues porque tiene un hermanito, porque hay mucho gasto con los pañales... —explica—. Hay padres que tienen mucha prisa, pero si yo veo que no, que no es el momento, intento frenarles. Hay padres que lo inician por su cuenta, me traen el niño a las diez y sin pañal. O sea que, hay de todo: temas económicos, hermanos, padres muy exigentes...

—¿Qué pautas les das para casa?

—Que lo hagan como aquí —responde Rosa—, que los sienten cada media hora (o quince minutos), luego cada hora... eso depende de cada niño, y se le va cogiendo la hora oportuna, e ir aumentando los intervalos de que el niño se siente en el orinal. Para quitarle el pañal por la noche hay que esperar quizás a observar que alguna vez sale seco, y ese es un indicador estupendo para comenzar a quitarle el pañal por la noche. Muchas veces el niño mismo pide que no se lo pongan. Es muy importante que los padres estén atentos para ponerlos, que se haga de un modo regular. Hay que dedicarles tiempo, eso es esencial.

—¿Tienes momentos claves aquí en la escuela para ponerlos?

—Cuando ya saben controlar y este aprendizaje se normaliza, me gusta que el niño me lo pida, ya no suelo ponerle en el orinal hasta que no lo pide voluntariamente. Se debe acostumbrar a pedirlo para que se le cree un hábito. Esto es esencial, si quiero que controle esfínteres debo esperar a que me lo pida cuando ya controla, o sea, cuando ha aprendido.

—¿Me puede contar qué problemas más frecuentes suelen ocurrir cuando el niño está en medio de este asunto del control voluntario de la orina y la caca?

—Los temas psicológicos influyen mucho. Soy partidaria de que si el niño ha controlado esfínteres y tiene un problema como por ejemplo los celos de un hermano, un cambio de colegio, ir a un nuevo colegio, y el niño empieza a hacerse pis y caca todo el día, lo mejor, dejarle.

Quitarle el pis y la caca sin decirle nada, y, ¡por supuesto!, no volver de nuevo a ponerle los pañales.

—En el asunto de la caca —pregunto a Rosa—, ¿qué particularidades diferentes e iguales ves con respecto al control voluntario del pis?

—Esa es otra cuestión. No saben hacerlo en el «water», hay que enseñarles poco a poco. Hay niños que ves también que les da vergüenza, lo sienten como una cosa extraña, y... a veces la presión que ejercen los padres que quieren que sus hijos controlen a toda costa puede crear problemas de estreñimientos, que el niño rechace hacer caca en el orinal o el «water»... Si el niño vive de un modo negativo hacer caca, puede que se lo aguante.

—Es cierto que las sensaciones de placer o de displacer del niño con respecto a la caca pueden ayudar o retrasar el proceso de control del esfínter anal.

—Sí —responde Rosa—, a veces, el niño se aguanta simplemente porque no sabe cómo sentarse. La conducta de asiento en el «water» o el orinal es importante ir enseñándoselo. Por eso hay que ponerlos durante un tiempo a intervalos regulares. Con respecto a hacer caca hay niños que sienten vergüenza y no lo viven con placer, sino todo lo contrario. Los hay que les da asco.

Rubén era un niño que tuvimos aquí y cuando le sentabas en el orinal le daban arcadas al ver su propia caca.

—Pero también sabes que hay niños que te ofrecen su caca, ¿no es cierto? —pregunté.

—Sí, claro, hay niños que les produce placer, y hasta les gustaría tocarla...

—¿Quieres decir que alrededor de todo esto los niños proyectan emociones diversas? —pregunté con ánimo de profundizar.

—Eso es la teoría de Freud —me contesta Rosa riéndose mucho.

—Pero aunque sea una teoría antigua —le respondo—, ¿eso lo ves como una realidad cotidiana cuando estás con estos asuntos?

—Sí, los niños te pueden llamar la atención para que veas lo que hacen, se sienten a veces muy orgullosos y te ofrecen su alegría. De hecho cuando un niño hace pis o caca en el orinal se len hace fiestas batiendo palmas, diciéndole en voz alta para que lo escuchen los demás lo mayor que es, y dándole un aplauso. Hay que reforzarle con ayudas no materiales, sino emocionales...

—Eso le ayuda, le hace sentir mayor —afirmo.

—«¡Qué mayor eres!» —les digo muchas veces—. En el curso pasado había un grupo de mayores cerca de este aula y abría la puerta y les decía: «¡Mayores, mirad, ha hecho pis!», y se enteraba todo el colegio de quién había hecho pis. Y ellos sentían una gran alegría...

—Esto tiene un carácter socializador extraordinario —le digo.

—Sí —añade Rosa—, en casa los padres tienen que reforzarles también, pero nunca, como digo, con caramelos o cosas, sino con refuerzos emocionales. Aquí tiene la característica social de que hay muchos niños iguales y eso, pues, es mejor todavía...

—E incluso cuando les pones en el orinal es un momento no sólo de socialización, sino de aprendizaje.

—Yo suelo —dice Rosa—, darles un cuento para que lo hojeen, vean la imágenes. Y en todo ello hay mucho de ejercicio y de aprendizaje.

—¿Y en el tema de la caca podría contarnos alguna cosa más?

—Hay muchos niños que este aprendizaje lo realizan fundamentalmente en casa. Aquí hay muchos que no lo hacen, a lo mejor pasan ocho horas en el colegio y no hacen aquí nada. Hay que mantener un ritmo y ponerlos cada cierto tiempo en el «water» o en el orinal, por ejemplo, después de comer. Los niños, por no sentirse ellos mismos sucios, te piden que les pongas, y casi se transforma el aprendizaje en algo espontáneo.

—O sea, que las sensaciones como la humedad del pis y la caca producen su efecto.

—Efectivamente, pero sucede más con la caca que con el pis. Es como si la sensación de la humedad del pis la soportaran mejor que las sensaciones que produce la caca.

—Esto que tú dices son entonces elementos claves que se aprovechan para el aprendizaje de los esfínteres.

—Por supuesto —nos responde Rosa muy segura—. Son indicadores. «¿Te has hecho caca?», les decimos para que tomen conciencia de esta situación.

—O sea, que les preguntas si se han hecho pis o caca.

—Claro, para que diferencien entre hacerse pis y caca. Eso es también entrenarlos a discriminar, para que diferencien. Cuando huelen a caca se les dice: «¡Te has hecho caca! ¡Te has hecho caca...!» Y si los voy a cambiar y no tienen caca pero sí pis, digo: «¡Ay!, mira, tiene pis, tiene pis.» Todas estas cosas se hacen de manera automática, pero, evidentemente, enseñan al niño a discriminar, a diferenciar entre el control del pis y el de la caca.

—O sea, aprovechas los reflejos

—Sí, sí, sí, se hace de modo espontáneo —me ratifica.

—Rosa, te dejo seguir con el trabajo, ¡gracias!

María es otra de las educadoras encargada de un grupo de dos a tres años y se había ocupado de atender a los niños mientras Rosa hablaba conmigo.

Estas opiniones me parecieron tan interesantes que fui al otro centro de educación infantil y entrevisté a Paloma y Ana; principalmente hablé con Paloma, que tenía bajo su responsabilidad a muchos niños en edad de controlar los esfínteres.

—Paloma, sobre el control del pis y la caca, ¿qué es lo que haces con los niños? —pregunto para iniciar la entrevista.

—Cuando el niño es capaz de estar sentado un poco de tiempo observo que es el momento de comenzar el control de esfínteres. Todo esto depende del niño, de su madurez.

—Ves entonces una edad buena para comenzar este aprendizaje sobre los quince meses.

—Sí, pero ya digo que depende más del niño y de su madurez. Y se observa que está capacitado para ponerse en el orinal, o en el «water», cuando es capaz de estar sentado quieto un tiempo.

—O sea, que cuando observas que en una sillita es capaz de estar quieto, ya puedes iniciar ponerle también un tiempo en el orinal.

—Sí, es una manera de observar su madurez.

—¿Y tienes otros indicadores como éste?

Figura 15.—*Yolanda, Ángeles y Miriam, en «Los Abetos»*.

Figura 16.—*Niño en el «water» controlando esfínteres*.

—No —me contesta Paloma muy segura—. Y a mí antes de esa edad no me gusta intentar poner al niño, aunque puede llegar a controlar antes. No es que no se pueda, sino que el niño requiere para ello mucha atención particular por parte de sus padres y en el centro siempre hay otros niños. Si fuera hijo mío y estuviera mucho tiempo en casa, sí, ¿por qué no? Se podría poner a hacer caca después de cada comida, por ejemplo, porque sabría que lo haría en un determinado momento, y aprovecharía eso para poner al niño. Sólo en el centro no se debe hacer, hay que coordinarse con los padres. Por eso digo que la edad en que tiene ya madurez y más facilidad para mí es a los diecisiete o dieciocho meses.

—Entonces, vamos a especificar algo más el procedimiento —le digo.

—Para empezar, después del desayuno; después de la comida, y después de la siesta.

—¿Los dejas un ratito?

—Claro, los dejo un poco, les doy un cuento para que se entretengan —y especifica—; sólo un cuento, y no le doy juguetes porque los meten en el orinal. Con el cuento ven las imágenes, con los dedos hojean y es bueno para su psicomotricidad. Los cuentos que les doy son de imágenes y hojas muy gruesas y manejables. Y de ese modo logro que estén quietos y tranquilos un rato, lo que favorece el aprendizaje de esfínteres, ya que si se levantan rápido esto no facilita un buen hábito de control, y se levantarán siempre rápidamente del orinal.

—Bueno, sabemos que un niño tiene un impulso natural a moverse mucho, ¿además de esto que has contado empleas frases cariñosas?

—Claro, le digo con un tono cariñoso: «No te puedes mover ¿eh?, porque te haces pis y te mojas, te pones todo sucio...» Esas cosas que se les dice a los niños.

—En el tema de la colaboración con los padres, ¿qué me dices?

—Hablo con ellos y les digo: «Voy a empezar con el orinal», y lo hago de modo espontáneo, no me reúno expresamente, se lo comento cuando vienen a por el niño.

—Pero, ¿les das instrucciones precisas?

—Sí, les digo: «Voy a empezar a ponerle en el orinal; ahora, vosotros, por favor, seguid igual, pues si no lo hacemos así, no vamos a conseguir quitarle el pañal de una manera efectiva.» A veces, me dicen: «Ahora no podemos.» Muchos se resisten a comenzar, y esto suele ser muy general. Muchos no los ponen. El curso pasado una chica venía, le quitaba el dodotis, hacía pis, pero en casa nada.

—O sea, que se nota que hay padres que son algo «dejaditos» para este asunto.

—Es que es muy incómodo lo de ponerles en orinal, exige dedicación y tiempo. Ese es el problema. Hay padres que sí aceptan lo que les dices, pero otros se excusan en que tienen que hacer muchas cosas.

—Sabemos que también existen padres muy ansiosos que en seguida quieren quitárselo como sea, ¿cuál es tu opinión al respecto?

—Sí, yo creo que a veces te estropean la labor... Había un chico en uno de estos cursos pasados cuya madre decía: «¡Fíjate!, se pone a patadas con el orinal y se tira al suelo.» Y yo le decía: «Pues aquí no hace nada de eso.» Y debido a que en casa los padres no podían controlar la conducta del niño, no pudimos quitarle los pañales.

—O sea, eres partidaria de una especie de disciplina en este sentido; evitar la permisividad...

—Hay que cumplir una pequeña disciplina; si no los niños no aprenden hábitos que son esenciales para su desarrollo y maduración; y no solamente pasa esto con el pis y la caca, sino también con la alimentación y otros hábitos.

—¿Y qué piensas sobre el control nocturno; o sea, quitarle al niño los pañales por la noche?

—Hay que observar. Si le quitas el «dodotis» por la mañana o después de tres o cuatro tomas ves que el niño no ha humedecido demasiado, te va indicando la capacidad y maduración del niño para retener. Para mí hay que hacerlo quizá en una media de edad de dos años. Los padres a veces colaboran poco en este asunto.

—¿Crees que es más dificultoso el pis que la caca?

—Hay niños que nada más comer tienen ganas de hacer caca, y eso facilita este aprendizaje. Lo que está muy claro es que para quitar los pañales tiene que existir un control de la caca, si no lo llevas claro, ¡te puedes morir...! Ahora, también depende del intestino, también después de comer decirle ahora vamos hacer caca...

—Todo esto se sabe en psicología que tiene para el niño mucha significación emotiva, ¿qué piensas de ello?

—Claro, se les hace fiesta, se les trata con cariño y agrado por esas acciones. Hay niños que vienen para que veas que han hecho caca, y notas que se sienten orgullosos de ello. Había una niña que venía y me decía: «He hecho cacota...»

—Hay niños que controlan hacer pis voluntariamente y de repente tienen problemas con este aprendizaje anteriormente adquirido, ¿qué opinas de esto? —le preguntamos a Ana, la educadora encargada de los niños de más edad del centro.

—Por ejemplo, Juan controlaba perfectamente. Aguantaba el pis y pedía hacer caca antes del verano. Se fue de vacaciones y volvió con el pañal. Ha estado con los abuelos y ellos le han consentido totalmente. Le daban todo y cuando no se lo daba él empleaba el descontrol del pis como una especie de chantaje.

—Quieres decir que los niños manejan muchas veces a los adultos de esa manera.

—Claro, en este caso, aquí sabe que eso no vale. Lo tiene muy claro y ese chantaje no lo emplea. Aquí no le sirve, además está con niños de su edad y sabe que los de su edad no lo hacen.

—Así que, cuando se produce un retroceso en los niños que controlaban tenemos que observar que surgen temas diferentes a los de la maduración y habría que observar el carácter psicológico de ese problema desde la perspectiva social o mental.

—Claro, pueden ser factores sociales los que influyan, pero, principalmente, de tipo familiar. Porque cuando el niño descontrola después de haber logrado este aprendizaje es porque quiere algo y eso se transforma en una forma de pedir, en una manera de llamar la atención.

CAPÍTULO IV

LA ENURESIS Y SU SOLUCIÓN

Los niños con problemas del control del pis lo que tienen es simplemente un problema con este aprendizaje de la infancia que deben superar, si previamente se ha descartado médicamente cualquier tipo de patología.

Si entre los tres o los cuatro años el niño no es capaz de realizar todas esas cosas que hemos descrito en el capítulo referido a los mecanismos fisiológicos del control del pis, lo que tenemos es un niño con un problema de enuresis, o sea, de incontinencia del pis.

La enuresis nocturna es definida por los estudiosos como «el paso involuntario de orina durante la noche, en ausencia de lesiones orgánicas que justifiquen tal descontrol...». Se refiere, por tanto, a la incapacidad de retener la orina durante la noche.

Para J. M. Llavona la enuresis es la «descarga involuntaria de orina que persiste después de que el niño ha alcanzado los tres o cuatro años de edad y no existe indicio de patología orgánica».

Este problema es complejo, y muy difícil de explicar en su propia naturaleza; los motivos o las causas de la enuresis pueden ser muchos.

La complejidad del tema de la enuresis se da muchas veces por la modalidad de circunstancias que presenta el niño a la hora de descargar la orina a voluntad. Puede que nunca controlara el esfínter, y, por tanto, el niño siempre ha sido incontinente; a esta circunstancia se denomina enuresis primaria.

Pero existe otro nivel de incontinencia que se denomina enuresis secundaria; es decir, cuando el niño ha controlado el pis durante un tiempo, unos meses, y vuelve la descarga involuntaria de orina.

Es verdad que básicamente el efecto de la enuresis es un descontrol del funcionamiento fisiológico del cuerpo, es un comportamiento, o una respuesta, de orden físico que se pone en relación a muchas circunstancias de falta de maduración de los procesos orgánicos, o simplemente por presión de orden psicológico, problemas afectivos, llamadas de atención, por ejemplo.

Cuando un niño pasa de los tres años y tiene problemas con el control voluntario del pis, los padres deben prestarse a ayudarle lo antes posible con buen ánimo, sin preocupaciones excesivas pero con la disposición de sacarle adelante en este aspecto.

«La enuresis no es algo que deba preocupar en la mayoría de los casos, y no conviene que hagamos de ello un gran problema. Sin embargo, si está en nuestras manos, hemos de poner los medios necesarios para que el niño deje de hacerse pis lo antes posible, aun cuando sea cierto que muchos casos se corrigen con la edad.» Estamos hablando de niños cuyo diagnóstico médico no presenta ninguna problemática de orden somático. Lo malo de la cuestión de ayudar a nuestros hijos para que controlen voluntariamente el pis, ya hemos dicho que en un porcentaje muy alto de casos se debe a la actitud que muestran los padres ante este problema del hijo.

Es fácil encontrar a padres con hijos incontinentes que tienen ya edad de controlar, que dicen: «Ya lo hará de manera natural. Esas cosas vienen solas...» Y es cierto que existe una remisión de casos que se cuentan, alrededor del 15 % de ellos, que se solucionan solos. Pero esa no es la cuestión, el verdadero problema se debe plantear quizá menos por el hecho fisiológico que por las circunstancias psicológicas.

Es decir, un padre debe plantearse lo que el niño puede vivir hasta a la edad que sea a nivel mental y social. Incluso cuando el niño en su autoestima no tenga problema causado directamente por la enuresis; el niño siempre observará que falla algo, que en algo es incapaz, cuando el problema, claro, no se produzca como efecto de carencia afectiva y que se expresa en la incontinencia como llamada de atención permanente hacia los padres.

Desde el punto de vista psicológico la actitud de los padres debe ir en la línea de hacer algo porque el hijo salga cuanto antes de esa circunstancia de incontinencia. Lo primero que un padre debe hacer es no mostrar una actitud pasiva, y ponerse manos a la obra para hacer algo. La manera más eficaz de ayudar al niño cuando ya existe un hecho consumado de enuresis es ponerse en manos de un especialista.

Son los psicólogos conductuales, principalmente, los dedicados a la modificación de conducta, los que obtienen un resultado de solución de casos casi del 100 %, y la mejor manera de solucionar este problema es ponerse en manos de un psicólogo experto en este terreno y seguir todas las instrucciones del programa que nos propongan.

Aquí vamos a dar las pautas básicas para que en casa los padres puedan solucionar de una manera artesana el problema de enuresis de sus hijos, pero en caso de no conseguirlo no deben desesperar, simplemente deben intentar otra cosa con la ayuda directa de un experto. No creemos que nuestras soluciones puedan sustituirlos. Con un especialista en unos meses el asunto queda totalmente resuelto.

Ni la mucha ansiedad por el tema de la enuresis, ni la falta de interés por el mismo creemos que puedan ayudar a solucionarlo.

Hay padres que creen que si intentan ayudar al hijo en este sentido lo que están haciendo es preocuparlos innecesariamente, por lo que evitan a toda costa decirles o hacer nada al respecto, y se entra en la temática de «dejar de hacer».

En las edades tempranas algunos padres por dejadez y pereza dejan a sus hijos sin la práctica necesaria para que produzca este aprendizaje del control del pis (ocupación excesiva por trabajo, falta de interés por quitar importancia al asunto...) son muchas veces causas y motivos para que la enuresis aparezca como problema.

Así, los padres deben intentar con sus hijos en este sentido prevenir, es decir deben poner en juego todas los elementos oportunos para que el niño adquiera el control voluntario de la orina. Y esto es prevenir el problema, ya que existen muchos casos de enuresis que vienen producidos no por la incapacidad o falta de madurez orgánica del niño, sino por la dejación de los padres.

Un niño que no se ejercita lo suficiente en control voluntario de los esfínteres es un niño que puede perpetuar una incapacidad de incontinencia a largo plazo. Un niño que no ha sido entrenado lo suficiente puede que se habitúe a vivir de ese modo y encontrar multitud de refuerzos que le lleven a estar bien así.

Es por tanto algo real que la enuresis es un problema que podemos generar desde el entorno. Cuando el hijo lleva muchos años de incontinencia de la orina y comienzan a surgir los problemas es cuando muchos padres tratan de solucionar el tema, aunque muchos de ellos siguen siendo persistentes y opinan que ya se solucionará solo.

No pasa nada si una persona controla el pis en la edad de hacer la «mili», lo verdaderamente preocupante es la ingente cantidad de sufrimientos que una persona pueda sufrir hasta entonces. Ese es el problema verdadero. Y de eso algunos padres comienzan a ser conscientes cuando su hijo de nueve, diez, once o doce años no puede ir con sus compañeros de colegio al campamento de verano; o cuando observan que ellos en esto no son como los demás niños y le dan vuelta en su interior haciéndose una imagen desvalorizada de sí mismos...

Este es el verdadero problema: la enuresis es una carencia en el funcionamiento fisiológico que repercute en la vida mental-emocional del niño y que a su vez trastoca muchos aspectos de su vida social, y todo eso afecta, se quiera o no, al equilibrio de la persona. Entre las causas de mayor incidencia se encuentra la de una «capacidad funcional de la vejiga disminuida».

La solución del problema de la enuresis pasa necesariamente porque el niño quiera superarlo y que los padres estén dispuestos a ayudarle haciendo todo lo necesario por seguir las instrucciones de un programa. Una vez que los miembros de la familia se encuentran inmersos en la necesidad de solucionar el problema lo que hay que plantearse es el método que podemos emplear para intentarlo. Eso es lo que le vamos a proponer seguidamente. ¿Cómo podríamos ayudar a nuestro hijo en esta cuestión?

Este es un problema que los psicólogos han tratado de solucionar desde hace mucho tiempo; desde la primera mitad de este siglo se han planteado muchos métodos, que a lo largo del tiempo, y hasta la actualidad, se han ido perfeccionando cada vez más.

1= ¿Sonó el aparato antienurético? 2= ¿Se despertó al sonar?. 3= ¿Se levantó sin que sonase el aparato?.
4= ¿Pasó la noche sin hacer pis? Indicar la hora en que ocurrió la incidencia

Semana	LUNES	MARTES	MIERCOLES	JUEVES	VIERNES	SABADO	DOMINGO
1ª							
2ª							
3ª							
4ª							
5ª							
6ª							

Registro usado con el aparato de EOS DETECTORIN (Despertador electrónico activado por humedad)

Tabla 1.

El primer investigador que dio muchas claves para solucionar el problema fue Mowrer, quien inventó un aparato que es un despertador que suena cuando se produce la micción y que fue realmente todo un descubrimiento para solucionar la enuresis nocturna (orinarse sin control por la noche).

Este tipo de aparatos se siguen utilizando en la actualidad, claro, casi siempre incluido dentro de un programa más amplio que tiene la finalidad de lograr el control del pis. Existen muchos tipos de aparatos, unos más eficientes que otros.

Normalmente es el psicólogo conductual quien enseña al niño cómo usarlo correctamente dentro del programa general de control voluntario de la orina. Son aparatos que se pueden adquirir fácilmente por un precio razonable, e incluso se pueden construir de modo casero. Así lo explica Cáceres en su libro *Cómo ayudar a su hijo si se hace pis en la cama*. Este procedimiento pasaremos a describirlo más adelante con más detalle, y es un método que podemos incorporar para ayudar a que nuestro hijo controle el pis más eficazmente.

Pero el problema de la enuresis a veces se circunscribe a temas más complicados. Si la enuresis es diurna, es decir, durante el día aparece incontinencia de pis, hay que seguir un programa diferente que atienda a otras cuestiones.

Es frecuente que pueda existir enuresis nocturna con episodios de incontinencia diurna. El porqué puede surgir el descontrol por la noche obedece quizás a causas diferentes que si tratamos de entender por qué sucede durante el día. Puede ser que el niño tenga una vejiga con una capacidad pequeña para retener la orina y frecuentemente necesite orinar: por el día le vemos que hace mucho pis muchas veces, y por la noche en su incontinencia puede orinarse también más veces de lo normal.

Si en nuestro hijo observásemos este fenómeno de que le vemos que orina con una frecuencia alta podemos sospechar que exista un problema de vejiga con poco volumen de retención —vejiga pequeña—, lo que hemos de trabajar también con un programa adecuado para que amplíe la capacidad de su vejiga.

«La capacidad funcional de la vejiga es notablemente inferior en los niños que se hacen pis en la cama, que en aquellos que no se lo hacen. Es decir, un niño que se hace pis en la cama, para evacuar la misma cantidad de orina necesita ir al cuarto de baño durante el día un número mayor de veces que va el niño que no se hace pis en la cama. No es que el niño enurético produzca más orina, sino que ante cantidades de orina semejantes tiene que ir al baño muchas más veces.»

Para José Cáceres una de las causas que mayor incidencia tienen a la hora de mojar la cama está localizada precisamente en «una capacidad funcional de la vejiga disminuida». Si el niño tiene poca capacidad para retener la orina, una de las cosas que tenemos que trabajar es establecer procedimientos para que se incremente esa capacidad, máxime cuando todos los indicios apuntan a que los niños enuréticos suelen ser capaces de retener un menor volumen de orina.

¿Esto qué significa? Pues que veremos al niño ir al «water» un mayor número de veces que otro niño que sea capaz de retener más volumen de orina. Ambos niños pueden producir la misma cantidad de orina, pero el que retiene menos en su vejiga orina mayor número de veces, y por tanto es más probable que también surja esa necesidad de orinar mayor número de veces durante la noche. Esto está causado por un «mal funcionamiento» de las contracciones del detrusor (ver el capítulo referido a los mecanismos de la micción) lo cual hace que el niño evacue urgentemente cuando debería retener.

Problablemente el niño lo que no tiene aprendido es a resistir más tiempo la necesidad de orinar, o lo hace deficientemente, por lo que podemos observar que se orina con algunas gotas parcialmente en la ropa.

En este último caso debemos entrenar a nuestro hijo para que aprenda a retener más tiempo. O sea que cuando el músculo detrusor de la vejiga actúe produciendo contracciones el niño sepa inhibirla; o sea, sepa retardar hacer pis, y esto puede lograrse haciendo ejercicios de retención durante el día.

Podemos entrenar también al niño a usar el «water» y a tener su cama seca después de orinarse. Podemos también incluir un programa para motivarle de modo general a controlar el pis: sistemas de refuerzo, con puntos, con fichas, con regalos...

Todo este conjunto de acciones dependiendo del problema específico del niño es lo que un padre debe comprometerse a hacer, así como obtener un compromiso serio y motivado del hijo, que es al final quien debe ser el máximo responsable de este asunto en la ejecución de las tareas que se le proponen.

Es decir, que el programa general del control enurético consta generalmente de la ejercitación de subprogramas que van en la línea de capacitar al niño integralmente. Nosotros vamos a aplicar un programa hipotético donde usemos varias técnicas, y son los padres los que en función del problema del hijo deben elegir cuáles son más convenientes.

No todas las incontinencias son iguales y tampoco la personalidad y las necesidades de los individuos que participan en la solución de un problema.

Lo primero que los padres deben tener muy claro es que deben cumplir con las normas del programa que nos hemos dado, y mantenerlo así hasta que el problema de enuresis haya desaparecido. No podemos querer solucionar algo cuando aquello que debemos hacer no lo hacemos. Es imposible. Por tanto, el compromiso debe ser cumplir con las instrucciones durante unos meses como parte esencial de la solución del problema, y son los padres los que deben motivar al niño para el cumplimiento de las tareas que requiere el programa.

Con esta premisa, pues, vamos a pasar a proponer tareas y ejercicios que podemos hacer con nuestros hijos para solucionar su enuresis. Hay que emplear las que mejor convengan al caso.

En primer lugar, hay que saber qué tipo de enuresis tiene nuestro hijo. Vamos a imaginar que nuestro hijo se orina de modo incontinente por la noche. O sea, que se orina en la cama sin despertarse. Vamos a tratar en primer lugar este

Semana	LUNES	MARTES	MIERCOLES	JUEVES	VIERNES	SABADO	DOMINGO
Se ha orinado SI o NO							
Cuantas veces se ha orinado							
Minutos que ha aguantado							
Ha cortado la orina (Al principio/final)							
Observaciones 1							
Observaciones 2							

Registro del control del pis para una semana

Tabla 2.

122

problema de enuresis nocturna muy concreto. Pero sobre él hay que saber más cosas que nos permitan hacer un programa con tareas más concretas.

Por ejemplo, tratar de averiguar con exactitud cuántos días se orina a la semana, si son consecutivos o aleatorios. Tratar de averiguar también si se orina por las noches una o varias veces.

¿Para qué nos sirve esto? En principio nos vale para ver si el programa va surtiendo efecto en el tiempo y el tipo de entrenamiento que debe hacer nuestro hijo. Si yo registro con exactitud cuántos días se orina por termino medio a la semana podré hacer un seguimiento de la efectividad del programa; generalmente debe ir bajando esta tasa por efecto del programa, aunque hay que considerar altibajos en el tiempo, pero a la larga debemos constatar que la frecuencia de cama seca aumenta en probabilidad.

Hay que registrar al principio cada noche la cantidad de episodios que suceden; es decir, las veces que el niño se orina cada noche, e ir observando posteriormente que las tareas que el niño hace producen el efecto de reducir el número de episodios enuréticos.

Como antes, volvemos a decir que nuestro sistema es eficaz en la medida que podemos, gracias al programa, bajar la incidencia de veces que el niño se orina, hasta reducirla a cero; como en otro caso, no podemos creer que esa extinción se vaya a lograr de una manera uniforme, puede haber remisiones y vueltas a tasas altas.

Si utiliza la tabla 1, podrá después de siete días de observación saber la tasa de que parte su hijo. El cálculo se hace:

TASA MEDIA A LA SEMANA = Número de noches que se orina / 7 días de observación.

TASA MEDIA DE MICCIONES NOCTUR-NAS = Número total de micciones a lo largo de la semana / 7 días de observación.

Imaginemos el caso de que el niño se orina todos los días de la semana y de que cada noche se orina una media de cuatro veces. Si gradualmente observamos que es capaz de bajar cada noche los episodios a una media de orinarse dos veces estamos logrando nuestro objetivo; hasta que lleguemos a una frecuencia de tasa cero episodios —o sea, cama seca—, puede haber un intermedio que se alterne cama seca con noches de varios episodios. No debemos buscar nunca un descenso gradual y uniforme de esta conducta. Cuando la tasa es cero debe mantenerse al menos dos semanas seguidas sin hallarse ningún episodio, tras lo cual el programa se retira.

Nos ponemos ya manos a la obra. Haga que su hijo se elabore una tabla de registro diario. Hay que observar durante una semana, o dos, los días que se orina a la semana, y a la vez registrar también el número de veces que se orina por la noche.

Esto es posible observarlo por la cantidad de anillos que se pueden producir en la sábana por cada micción. Cuando estemos autorregistrando esto durante una o dos semanas, como ya hemos dicho, tenemos objetivado desde qué número de veces que se produce a la semana orinarse tenemos que bajar, así como el número de episodios.

Para llevar esto a cabo le recomendamos, si su hijo es pequeño, que él participe colaborando en el registro usando un calendario o las tablas que nosotros le proporcionamos. Si su hijo es autosuficiente, que lo haga con una supervisión cada varios días de esa tarea.

La tabla debe tener los días de la semana y las entradas de si se ha orinado o no ese día, y en la otra anotar la cantidad de veces que ha producido durante cada noche. Al cabo de una o dos semanas de observación podemos hacer la media de los días que se orina por semana y cuántas veces.

A partir de ese registro ponemos en juego nuestro programa de entrenamiento que vaya a disminuir la incontinencia de orina. ¿Cómo...?

Observemos varias técnicas que podemos poner en juego. Por supuesto estos dos autorregistros deberemos hacerlo durante todo el tiempo que dure el programa, con la finalidad de evaluar la remisión del problema hasta su total extinción. El trabajo de registro y el éxito de ir disminuyendo la conducta de orinarse es un hecho motivador para reforzar los esfuerzos del niño por resolver este problema, cuando él mismo percibe que esto es así. Y el registro se puede ir haciendo en un calendario...

Programa

Vamos a observar ahora los procedimientos de intervención que podemos realizar con nuestro hijo para que controle el pis durante la noche, el día...

El uso de aparatos despertadores

Los aparatos despertadores han sido utilizados en el tratamiento de la enuresis desde hace mucho tiempo. Fue un psicólogo que en la primera mitad del siglo xx lo integró para la solución de este problema y con bastante éxito; desde entonces se emplea frecuentemente para modificar este tipo de conducta de descontrol del pis durante la noche.

Este aparato lo que hace es despertar al niño sonando cuando se ha orinado, y aunque funciona mediante un mecanismo electrónico no tiene ningún peligro, pues la energía que utiliza es comparable a la que tiene una pila.

Su mecanismo básico de funcionamiento consiste en disparar una alarma (sonido de intensidad adecuada) nada más comenzar la micción. Lo ideal es que se dispare con las primeras gotas de orina. Aunque más adelante daremos algunas explicaciones científicas de por qué se utiliza este sistema de alarma despertador, es muy importante para el programa que el niño se entrene bien en el uso autónomo de este aparato.

Motivación:

—Hay que motivar a que el niño se interese mucho por controlar su problema, decirle lo bien que se sentirá cuando logre controlar el pis, y con este motivo se le hace responsable de que él es el más importante colaborador, por lo que tiene que hacer todas las cosas según se le indican y lo mejor posible.

Puesta de alarma del aparato antienurético:

—Se le especifica todo lo que tiene que hacer cada noche con relación al aparato antienurético. Entre las cosas más frecuentes que el niño debe hacer, siguiendo las pautas de L. M. Llavona, están:

a) Colocar una silla en su cuarto, un recambio de calzoncillo y de sábanas.

b) Ponerle el sensor, por su parte activa, pegado con esparadrapo a la parte externa del calzoncillo y comprobar que esté bien sujeto.

c) Encender el interruptor del aparato.

d) Dejarlo en el suelo cerca de la cama.

— Cuando suena, el niño debe:

a) Encender la luz.

b) Apagar el aparato.

c) Despegarse el sensor.

d) Ir al «water» a terminar de orinar y a comprobar si tenía ganas de seguir orinando.

e) Lavarse para limpiarse la orina.

f) Cambiarse el calzoncillo y la(s) sábana(s) si estuvieran mojadas.

g) Comprobar que el sensor estuviera seco y, si no lo estuviera, secarlo.

h) Volver a ponerse el sensor.

i) Encender el aparato antienurético.

j) Dejarlo en el suelo cerca de la cama.

Figura 17.—*Niña y niño.*

El control del pis y de la caca se produce cuando el niño pequeño está maduro fisiológicamente; a su vez, cuando el aprendizaje se ejecuta con efectividad por parte del niño, su logro le permite hacer otras muchas cosas. A los niños muy retrasados en este aprendizaje se les ve también inmaduros para otros asuntos.

k) En caso de que volviera a sonar de nuevo empezar todo el proceso.

— Es bueno que todos estos pasos los tenga en una hoja y los recuerde; para ello, los repasamos con el niño y hacemos que nos repita todo el proceso. Se estudia con el niño el uso del aparato.

Vamos a seguir describiendo un poco más el sentido y la estructura de estos aparatos.

Existen muchos modelos de éstos en el mercado. Incluso José Cáceres en su libro ya comentado nos da indicaciones de cómo hacerlos nosotros mismos, aunque para ello deberemos tener habilidades y algunos conocimientos electrónicos.

Por un precio razonable, en centros especializados como «EOS» o «TEA» suelen tener modelos comercializados. Desde aquí sugerimos que estos aparatos se utilicen de modo muy preciso en un programa, y que lo mejor es la visita a un especialista en psicología conducta.

No obstante, para los más sesudos y habilidosos padres que sigan nuestras indicaciones el programa que les planteamos es útil en la solución de la enuresis, siempre y cuando se sigan los siguientes consejos.

El aparato antienurético debe cumplir realmente su función de despertar al niño nada más comenzar —primeras gotas de orina— la micción. Esto es muy importante controlarlo. Así que el niño deberá registrar en su calendario, u hoja de registro, si cada noche el aparato le despertó o no le despertó. En fácil que pueda fallar. Si ocurre muy frecuentemente deberemos revisar:

1. Que sea este aparato un aparato funcional; o sea, que suene cuando el niño se comienza a orinar
2. Que el niño haga todas las cosas bien, como ponerse el sensor en los calzoncillos de forma adecuada. Para eso deberemos revisar cómo lo hace, las instrucciones que le hemos dado.

Por ejemplo, una marca de aparato llamada «DIMPO» nos dice en su propaganda:

«Desde el primer día ellas y ellos se despiertan secos. El sensor blando unisex detecta la primera gota de pis en cualquier lugar de la braguita o el *slip* y activa una potente alarma testada para despertar al momento, incluso a los niños de sueño más profundo. Y se levantan...»

Para entender toda esta información de alguna manera hay que echar mano de la explicación científica, y la vamos a desarrollar aquí brevemente con la idea de justificar el porqué un aparato de este tipo es bueno y eficaz para la solución de la enuresis.

El sensor es la parte más importante de este tipo de aparatos, pues su sensibilidad a la orina hace que salte la alarma. En resumidas cuentas, el sensor lo que hace es captar la humedad de la orina, y esa humedad a su vez cierra un circuito que dispara la alarma.

Repetimos que el voltaje que está funcionando es del calibre del que usa una pila, por lo que no existe ningún peligro.

Las dificultades que tienen este tipo de aparatos es que verdaderamente se disparen ante las primeras gotas de orina; o sea, que el sensor sea muy sensible al fenómeno de la micción nada más iniciarse. De ahí el énfasis de la propaganda al principio de su enunciado. Por otro lado hay que controlar que la intensidad del sonido de la alarma sea la adecuada, ya que debe despertar al niño (que no siga durmiendo) para que realice todas las acciones especificadas en el programa.

Uno puede preguntarse que razón científica tiene todo esto. Ya hemos dicho que orinar es una conducta refleja que hay que aprender a controlar. Un niño con problema del control voluntario de los esfínteres lo que debe es aprender lo que otros niños hicieron por maduración. Es decir, que con el aparato antienurético vamos a condicionar este aprendizaje.

¿Qué provoca la alarma cuando se dispara? La alarma es un estímulo incondicionado; es decir, que provoca varias respuestas de tipo automático. La alarma despierta al niño como consecuencia inmediata de que su organismo (el esfínter externo) —compuerta muscular de control voluntario del pis— no ha retenido la orina como sucede en los niños que controlan durante la noche; o sea, se ha relajado.

Con la alarma, pues, despertamos al niño a la vez que el esfínter externo reacciona contrayéndose y evitando que continúe la micción por relajación. El esfínter externo reacciona ante la alarma contrayéndose de nuevo y parando la orina. Así, pues, y en resumen, ante la alarma deben suceder siempre dos respuestas:

1. Que el niño se despierte.
2. Que se contraiga el esfínter externo e inhiba la orina que se está vertiendo sobre el calzoncillo o la braguita.

De aquí que si un aparato no suena evita que este proceso explicado no suceda, y por tanto no puede repetirse con una frecuencia adecuada y que el aprendizaje del control del esfínter externo no se automatice por la noche. Es necesario,

Figura 18.—*La socialización del pis y la caca.*

pues, que este proceso de alarma (EI) y producción de doble respuesta: despertarse (RI) y contracción del esfínter externo (RI), se repita muchas veces, hasta que se logre el automatismo.

Pero realmente, ¿que está sucediendo cuando repetimos todas las noches estas situaciones?:

a) Inicio de micción.
b) Alarma.
c) Despertarse-contraer esfínter externo.

Se espera que se produzca el aprendizaje de que el niño nada más emitir las primeras gotas se despierte automáticamente y su organismo responda también de modo automático contrayendo el esfínter externo y parando así, de ese modo, la orina.

También parece que con esto el niño aprende a ser sensible a la estimulación interoceptiva (es decir, a que su organismo reaccione a través del sistema nervioso a las señales que le manda la vejiga). Pero precisemos un poco más todo esto.

Ya sabemos que cuando la vejiga va llenándose todo este órgano está preparado para emitir señales que de alguna manera forman parte del mecanismo del control de la expulsión de la orina. Con este sistema de alarma despertador se cree que el niño aprende a reaccionar ante todas esas señales de la vejiga, que como se recordará en lo explicado al respecto, para despertarse sin orinar, el niño debe coordinar inconscientemente (ver capítulo de los mecanismos de la micción):

1. Que el esfínter externo no se relaja ante la presión de la orina.
2. Que el detrusor —músculo que rodea la vejiga— controle sus contracciones ante esa presión.
3. Que ese conjunto de sensaciones interoceptivas despierten al niño cuando se produce.

Otra cosa que el niño aprende con este proceso es a ser sensible y retardar a voluntad el momento de orinar bajo la presión que ejerce la orina sobre el detrusor y el esfínter externo, hasta que esas presiones son altas, lo que permitirá al niño despertarse e ir hasta el «water» y orinar retardando a voluntad la micción.

No hace falta conocer en profundidad todo esto para que nuestro hijo controle el hacerse pis en la cama, pero es bueno porque nos da una idea de la complejidad de este aprendizaje. Nos permite observar que nuestro hijo no ha adquirido ciertos procesos automáticos, y que éstos son desde el punto de vista funcional muy complejos. Con el programa de entrenamiento lo que estamos intentando es corregir esos déficit de conducta fisiológica.

Los aparatos antienuréticos sirven precisamente para regular esas deficiencias de hábitos madurativos. Habitúa al organismo del niño a reaccionar ante los estímulos relacionados con la vejiga de una manera nueva. Condiciona reacciones fisiológicas que antes no existían en el niño.

Es como si lográsemos con este método que entre la vejiga y los estímulos que ésta produce estableciésemos vías de conexión con el cerebro que antes no existían o se habían interrumpido. Lo que estimula el aparato antienurético son esas reacciones entre vejiga-sistema nervioso-vejiga, en la situación de estado de sueño.

Por parte del cerebro es como si se ignorase o no supiese cómo reaccionar ante los estímulos que produce la retención y la emisión de orina. Despertar al niño inmediatamente al comenzar la micción es el objetivo principal del aparato antienurético, y repitiendo el proceso generar automatismo (estímulo condicionado) que permita luego al niño despertarse solo ante la urgencia y la necesidad de orinar en estado de sueño o la de retener durante más tiempo la orina en la vejiga.

Y estos son los dos objetivos básicos que un niño debe alcanzar con objeto de mantener la cama seca durante la noche:

1. Poder retener la orina hasta que se despierte por la mañana.

2. Despertarse e ir al «water» si no puede resistir más.

El primer objetivo se consigue logrando que la vejiga aumente su volumen y que el esfínter externo resista la presión de la vejiga y se inhiban las contracciones del detrusor. Para el logro del segundo objetivo los aparatos antienuréticos son fundamentales.

Una vez que el niño se despierta debe saber contener el resto de la orina que le quede presionando con el esfínter externo y resistiendo hasta ir al «water» y orinar; este es otro ejercicio del entrenamiento que el niño debe practicar.

Es importante que cuando comencemos el control de la micción en vez de hacer lo que parece en principio más lógico, no dar líquido, hay que procurar que el niño beba mucho líquido antes de acostarse. Con eso sabemos que se dará la micción nocturna incluso con más intensidad y el niño tendrá la ocasión de entrenarse más y mejor. Es decir, activaremos al organismo para responder ante la micción de una manera adecuada: despertándose y realizando acciones de control del pis...

Durante la fase de entrenamiento de control del pis con el uso del aparato antienurético no debemos nunca llamar al niño para que vaya al «water» a orinar.

Hay quienes aconsejan que el niño se acueste a una hora regular; la verdad es que esto vale en cualquier situación. También hay que hacer que el niño tenga una hora apropiada para que registre las cosas que han sucedido.

Quizá, como ya se ha dicho, anotando las cosas que ocurren en un calendario o en una hoja convenientemente preparada para ello tendremos una manera de controlar cómo evoluciona el proceso de control del pis.

Estas anotaciones de autorregistro pueden hacerse por la mañana o por la noche antes de acostarse. Lo que se controla generalmente son los siguientes sucesos:

a) Si se ha orinado o no durante la noche.

b) Si ha sonado o no ha sonado la alarma.

c) Cuántas veces se ha despertado para orinar, o si ha humedecido la cama sin despertarse.

Durante el día hay que registrar:

a) Cuánto tiempo se resiste una vez que se tienen ganas de orinar (se intenta como máximo resistir cinco minutos).

b) Cuando se está orinando, si ha comenzado a cortar la orina al principio o al final y cuántas veces.

Estos registros nos permiten saber cómo va evolucionando todo el proceso de control de micción nocturna, el control voluntario de inhibición y activación del esfínter externo.

También entrenamos a saber inhibir a voluntad las contracciones del detrusor y aumentar la capacidad de la vejiga...

Cuando el niño controla el pis por la noche con cama seca el entrenamiento debe seguir hasta que se esté al menos quince días en esa situación de cama seca, y tampoco es recomendable interrumpir el tratamiento cuando éste se ha iniciado.

Hay que ser paciente para obtener resultados entre seis y once semanas. En cualquiera de los casos estos programas deben ser controlados por el especialista (psicólogo conductual).

No es recomendable nunca hacer este programa con niños menores de tres años; ni tampoco si existe un diagnóstico médico donde se especifique que el descontrol tiene causas puramente orgánicas (patología) o que el niño tenga un deterioro psíquico pronunciado.

Entrenamiento para levantarse, ir al water y poner en orden la cama

Conseguido el paso anterior de despertarse cada vez que suena la alarma (señal de que la micción ha comenzado) supone también que el niño aprenda a retener lo que queda de orina hasta llegar al lugar oportuno de evacuación. Ya hemos dicho que hay que entrenar al niño para que:

a) Vaya al «water» a terminar de orinar (esto siempre aunque crea que no es necesario). Debe procurar ir bien despierto. Si comienza a controlar, y por la noche se despierta, hay que aprovechar que se levante y vaya al servicio siempre a orinar aunque no tenga ganas.

b) Se lave.

c) Cambie su ropa y la de la cama.

Para conseguir que el niño una vez despierto retenga con más facilidad la orina conviene entrenarle durante el día a que lo haga voluntariamente cuando le aparecen las ganas de orinar. El métedo a seguir se explica en el siguiente apartado.

Ejercicio de retención de la orina

No es aconsejable restringir la ingestión de líquidos, ya que aparte de que esto es difícil de cumplir para muchos niños, además, cuando se consigue, generalmente no funciona, es decir, el niño sigue haciéndose pis. Con este sistema lo que realmente hacemos es privar al niño de una serie de sensaciones y mecanismos que le van a ser necesarios para conseguir un control total de esfínteres.

El hecho de levantar al niño por la noche para que haga pis, aparte de incómodo para los padres, tampoco es muy útil. El principal inconveniente es que cuando despertamos al niño lo hacemos independientemente del grado de necesidad que éste experimenta de ir al cuarto de baño y del grado de presión de orina en la vejiga, con lo cual, no le damos las oportunidad para que llegue a asociar las señales internas causadas por una vejiga repleta con el despertar causado por tales sensaciones (cosas que ya hemos explicado que sí se suelen lograr con el aparato antienurético).

Recordemos que si levantamos a horas fijas a nuestros hijos posiblemente consigamos que el niño no se orine esa noche, cosa que no siempre ocurre, pero interferiremos en el desarrollo de los mecanismos de despertarse provocados por las sensaciones internas de «ganas de hacer pis».

Si el niño durante las catorce o quince horas que pasa despierto necesita ir siete u ocho veces al cuarto de baño, significa que la capacidad funcional de su vejiga excede muy poco a las dos horas, pero la gran mayoría de los niños duermen más de ocho horas, lo cual quiere decir que necesitamos incrementar grandemente tal capacidad para que pueda retener la orina de toda la noche; el método más sencillo para conseguir esto es el que desarrollamos a continuación.

Sabemos que las paredes de la vejiga van dando de sí en la medida en que la cantidad de orina que entra en ella aumenta.

Pues bien, podemos intentar provocar una mayor producción de orina mediante un método muy sencillo: animar al niño a beber mucho más de lo que habitualmente bebe y alentarle a que de forma gradual y progresiva intente contener durante el día las ganas de hacer pis.

Para animarle a retener gradualmente y posponer la visita al cuarto de baño podemos establecer una serie de juegos —a todos nos es familiar el hecho de que cuando distraemos la necesidad de orinar, hasta cierto punto, parece olvidársenos (premios, etc.).

En algunos niños, los esfínteres no son lo suficientemente fuertes, por lo que será necesario que realice una serie de ejercicios destinados a su fortificación. Estos ejercicios consisten fundamentalmente en:

a) Alentarle a retener las ganas de hacer pis, como ya hemos señalado antes.

b) Una vez que empieza a orinar, animarle a que corte el flujo de orina un número de veces determinado cada vez que hace pis.

Ejercicio para aumentar la capacidad de la vejiga

— Cuando el niño tenga ganas de hacer pis irá al cuarto de baño y se sentará en la taza aguantando un rato sin hacerlo. (Al principio bastará con 30 segundos para luego ir aumentando el tiempo.)

— Una vez que el niño empiece a orinar se le obligará a contener la orina varias veces. Al principio bastará con una vez para luego ir aumentando dos, tres o más veces.

Estos ejercicios se harán dos veces al día, una vez por la mañana y otra por la tarde.

— Una vez a la semana se medirá la capacidad máxima de la vejiga. Diariamente se hará el control de las veces que el niño va al cuarto de baño. (Hoja de «Control Semanal».)

Instrucciones a seguir para medir la capacidad máxima de la vejiga y observar si aumenta su volumen

1. Cuando el niño llegue, por la tarde, del colegio, se le pide que nos avise cuando tenga necesidad de orinar.

2. En este momento, se anota la hora, en la primera casilla.

3. Inmediatamente después de orinar, se le da a beber medio litro de agua, en vasos, en un período máximo de un cuarto de hora.

4. A continuación, se le pide al niño que avise cuando vaya a orinar.

5. Cuando orina esta vez, se anota la hora por segunda vez, y también el volumen, que se habrá registrado en un frasco graduado.

6. Se repite esto último la vez siguiente en que el niño vaya a orinar; es decir: se anota por tercera vez, y se registra y anota, por segunda vez, la cantidad de orina.

Otra forma de determinar la capacidad de la vejiga es la que propone José Cáceres:

1. Dar al niño una cantidad fija de agua por cada kilo de peso corporal en el momento en que termina de orinar vaciando totalmente la vejiga.

2. Le pedimos que aguante las ganas de orinar el mayor tiempo posible.

3. Cuando orina en un recipiente medimos el volumen. Ese volumen es la capacidad funcional de la vejiga.

Otro método que propone este autor es «recoger toda la orina producida en 24 horas y dividir la cantidad entre el número de veces que ha necesitado el niño para evacuar esa cantidad de orina, obteniendo así una cantidad promedio por cada vez que el niño ha visitado el cuarto de baño».

Empleo de recompensas

Es más probable que todas las conductas se repitan cuando las recompensamos; esto ya es un principio viejo que descubrió el famoso psicólogo americano Skinner. Esto se llamó en la literatura científica aprendizaje operante.

Esto sucede en la conducta animal, pero también en la humana. Si queremos que una conducta se repita recompensémosla con efectos positivos. Por eso cuando el niño cumple con un programa y nos ejecuta una conducta que nosotros creemos positiva debemos motivarla a través de sistemas de recompensas. Se trata de que el niño por no mojar la cama se vea recompensado y esto hace más probable que todas las normas que sugerimos que el niño haga se produzcan.

La cuestión de las recompensas es muy polémica y a la vez muy amplia. No podemos estar recompensando continuamente a nuestros hijos con cosas materiales. Esto se puede hacer quizá sólo en casos muy especiales, como puede ser el control del pis, pero no lo recomendamos para lograr del niño conductas razonables desde el punto de vista de sus obligaciones diarias, etc.

Los sistemas de recompensas no se circunscriben sólo a lo que son cosas materiales. Podemos motivar los comportamientos de los niños a través de las palabras, de los gestos, de proyectar sobre ellos ideas y pensamientos positivos que les hagan sentir seguros de sí mismos.

Para nuestro caso creemos interesante que los padres analicen junto a su hijo el tipo de premio que pueden obtener por controlar el pis por la noche. Hay que hacer que el niño vea con claridad las cosas que debe realizar para obtener un premio.

Existen muchos sistemas para lograr este objetivo, mediante fichas, sistemas de puntos... Establecer con el niño una especie de contrato que se elabora entre los padres y el hijo nos parece de interés.

Los padres deben ponerse con el niño, y, además de explicarle y entrenarle en su momento todo lo que tiene que hacer con el aparato despertador, y las acciones correspondientes que debe ejecutar por la noche y/o el día, también hay que motivar al niño con un sistema de recompensas por hacer las cosas y lograr el objetivo del control del pis.

Podemos escribir en una hoja una especie de contrato entre los padres y el hijo donde se especifique lo que se logrará si hace las cosas. Podemos hacerlo mediante el sistema de puntos; o sea, dar al niño por hacer lo que le pedimos un punto o más —según el valor de la tarea—, y acumulando puntos, cuando tenga un cierto número de ellos, los puede cambiar por cosas o acciones que le gusten (ir a un sitio, ver algo, comprarse algo de su interés...).

Esto debe ser especificado. Lo que más guste es lo que más puntos cuesta, pero siempre hay que facilitar que se logren —o sea, no pedir un número de puntos inasequibles por algo—; se deben lograr los premios con cierta facilidad —tampoco que sea muy fácil de conseguir, hay que cumplir con lo que se pacta—. Para esto, pues, debemos sentarnos con el niño y preguntarle lo que le gustaría recibir en puntos si hiciese:

1. No mojar la cama una noche. No mojar la cama dos noches consecutivas...

2. Si moja la cama muchas veces por la noche, recibir puntos por disminuir el número de micciones.

3. Recibir puntos por levantarse, ir al «water», orinar, limpiarse, cambiar las sábanas....

4. Por retener la orina más tiempo o intentarlo, durante el día.

5. Por hacer ejercicios de orinar y retener cada vez más al principio que al final...

Con este sistema logramos que el niño se motive por trabajar todas esas conductas que afectan al control voluntario del pis. Cuando se obtiene una serie de puntos hay que poder canjearlo por el premio, y esto también se debe pactar con el niño. Este procedimiento se basa en el programa de refuerzo de José Cáceres y en la idea programa de refuerzo por fichas en las que en vez de puntos sc usan fichas quc sc dan por el cumplimiento de unas tareas especificadas y que luego pueden canjearse por premios que tienen un valor en fichas previamente establecido, como si fuera dinero; se pueden lograr cosas materiales o inmateriales de tipo social...

Ni que decir tiene que los padres, ante cualquier esfuerzo del niño y ante cualquier logro dc control, deben alabar su conducta y fortalecer de este modo su motivación por las tareas que debe realizar.

CAPÍTULO V

EL CONTROL DE LA CACA

En la base del control de esfínteres hallamos siempre procesos básicos de tipo fisiológico que antes de obedecer a un condicionamiento es algo realmente reflejo (o sea, es una conducta automática); luego, aprendemos a controlarla de manera inconsciente, interiorizando su mecánica de tal modo que todo ese funcionamiento pareciera como algo casi innato.

Nos damos cuenta de que eso no es así cuando la naturaleza empuja de una manera ciega. Sobre esas circunstancias se cuentan mil peripecias que finalmente terminan siendo chistes, muchos de los cuales se relacionan con la incapacidad que tenemos los seres humanos con la incontinencia, no porque se tengan problemas como lo que se denomina con el nombre de encopresis (incapacidad de controlar voluntariamente las heces).

Vamos a exponer algunas anécdotas que he oído, y que transcribo tal como las escuché (si algún lector es sensible a las palabras que se empleen, llamadas malsonantes, le recomiendo que salte algunos párrafos en la lectura) que no están exentas de un cierto humor muy acentuado, aunque nos ejemplifican aspectos curiosos de las conductas y los pareceres que con respecto al control de las heces tenemos en nuestra sociedad.

Roberto nos cuenta una anécdota al respecto que aprovecharemos para hablar luego, un poco, sobre la mecánica del control del esfínter anal (control voluntario de la defecación) automatismo que se aprende en la más tierna edad.

—Fui a Madrid a un asunto con mi coche. A la vuelta, cuando subo la cuesta de las perdices, al coger la carretera de La Coruña, noto un ruidito en las tripas, de esas veces que te duele y te mosqueas, ya subiendo la cuesta, otra vez, más fuerte. Cuando llego a la rotonda de Majadahonda, «¡Dios mío, no puedo más!» —me digo—, y más adelante me inquieta un pensamiento: «¡No voy a llegar, no voy a llegar...!» Empiezo a respirar como una embarazada, para ver si aguanto y resisto el dolor de barriga porque era un dolor infernal... Llego a Las Lomas, y es imposible ya: «¡uf...!» Cuando llego al colegio Bergamin, peor, y «¡uf...!» Cuando llego a la puerta de casa, imposible, y «¡uf...!» Abro la puerta, salgo corriendo, subo las escaleras, llego al «water» y cuando estoy apunto: ¡Plaf!, al canzoncillo. ¡Maldita sea...!

Mientras contaba Ricardo esta anécdota acompañada de mil gestos las risas del grupo eran estruendosas. Todo aquello resultaba ahora muy gracioso. Así que Juan se animó a contar su vivencia:

—Se habían ido de vacaciones —se refiere a unos familiares— y me llevé la televisión sin que lo supieran. Un día antes de venir ellos fui a devolvérsela, una televisión roja. Bueno, cojo la televisión, y la subo cuatro pisos porque no había ascensor. Cuando voy por la mitad de la escalera, con la televisión: ¡oh!, ¡qué dolor de barriga! Llego al descansillo, dejo la televisión y me puse a abrir precipitadamente la puerta, y que la puerta no abre... y de nuevo: «¡Ay!, que dolor...» y la puerta no abre: ¡imposible! Ya se me ocurre llamar a la vecina. «Voy a llamar a la vecina y se lo digo —pienso lo que le diré—. Tengo este problema, y mire, no le importaría...» Luego, le doy vuelta varias veces a esta idea y digo: «¡Joder!, ¡qué apuro...!» Así que en un momento determinado, pues, ¡fuá...! Me quito los pantalones, me bajo los calzoncillos, me cago en los calzoncillos...

—¿En la escalera? —pregunta alguien asombrado.

Figura 19.—*Niño con almohadilla.*

—¡Sí! Si hubiera salido un vecino, ¡fíjate qué peligro! —continuó contando Ricardo—. Menos mal que no salió nadie. Y me cagué en los calzoncillos. Ahora ya intento de nuevo abrir la puerta y la puerta que se abre... ¡Después de haber estado un cuarto de hora dale que te pego...!

—¿Y no te vio nadie? —preguntó alguien con cara de sorpresa.

—Bueno, vete a saber. A lo mejor alguien por la mirilla. Diría: «¡Fíjate que guarro!»

Alguién se animó a contar otra anécdota que hacía ya algún tiempo que le había ocurrido a otra persona, mientras las risas del caso de Ricardo resonaban estruendosas.

— Iban Paco y Juan por Sevilla, porque Paco hizo la mili en Sevilla, y también le entraron ganas de...

Se metieron en el parque de María Luisa, y Paco llevaba una fiambrera de la comida, y el tío va y lo hace en la fiambrera. La tapó muy bien y la guardó en la bolsa y la dejó por allí en unos setos. Quien abriera aquello... ¡qué sorpresa!

—¡Qué guarro! —dijo alguien.

—A mí —dijo otro del grupo— una mañana cuando iba en el coche me dio bien. Al principio era ese disgustillo que te entra en la tripa. Luego, me entró una ventolera de pánico, y todo esto conduciendo y buscando un sitio donde aparcar. Los segundos se eternizan y no sabes dónde parar. «Dejo el coche en cualquier sitio» —piensas—. Iba como loco, y un semáforo me eternizó aquel instante de espera. Luego, lo dejé ni sé cómo ni dónde y salí del coche pensando que cubrir la distancia hasta un bar, creía que era algo imposible. Pero pude aguantar. Pasé de inmediato al servicio, y cuando estaba con el pantalón gacho, y un poco bajo los calzoncillos: ¡zas!, en los calzoncillos... «¡Qué horror! —piensas—, ¡y ahora qué...! Lejos de casa, con sólo lo puesto.» La verdad es que resulta una humillación. Pero me puse manos a la obra en el cuchitril de aquel servicio y fue una odisea quitarse los pantalones y lograr un adecentamiento mínimo. ¡Jamás lo olvidaré...!

—Yo tengo una anécdota de chiste de cuando era un mozalbete —dijo alguien que quería narrar su historia—. ¡Me hicieron una buena! Fuimos una vez al río a pescar, o a jugar, no sé... Rafa y yo, que teníamos diez años o así, y llegamos allí a un árbol, a una encina, y el tío me dice: «Siéntate ahí mientras yo voy a por lombrices para la pesca.» Yo me siento allí y a los diez minutos noto que me caen en la cabeza como goterones. «¡Coño!, ¿que es esto...? ¡Me cago en la mar...! ¡Es mierda!» Estaba el tío cabrón allí cagándose encima de mí. Se había colgado de una rama para cagarse sobre mí.

Rafa es que era de cuidado, ¡un borde! ¡Un bicho de mala ralea...! Me enfadé y le tuve subido en el árbol varias horas.

—Los sueños también traen tela. Yo era pequeña. Estaba en un baño azul, era muy chiquinina, tenía «water», tenía lavabo. Todo en miniatura y azul, y yo entré y «chiiiiii...» ¡Mamá, que me hice pis...!

—Yo he soñado con paredes —dijo otro— y meé allí cuando de repente me desperté y lo había echo en la cama. ¡Maldita sea!

—Antiguamente por orinarse en la cama pegaban a los chicos —dijo alguien.

—Yo recuerdo —dijo Alberto, rememorando una vieja historia sucedida en el dormitorio de un internado, donde todas las camas estaban juntas, y al fondo, los servicios y la ducha—. Había un tío, no sabíamos quién era, que íbamos a ducharnos y la ducha estaba cagada siempre. Se cagaba en la ducha, ¡el puñetero! ¡Es que no sabía dónde tenía que cagar...!

—¿No sabía lo que era una taza de «water»? —preguntó alguien.

—¡No sabía dónde tenía que cagar! —reía Alberto, con fuerza, mientras repetía la frase.

—¿Tú viste la mierda más de una vez allí, o qué...? —preguntó alguien muy incrédulo de lo que contaba Alberto.

—Pues, ¡claro! —respondió—. Cuando iba a ducharme... ¡ya se cagó otra vez, el puñetero! ¿Quién será el guarro? Hasta que apareció. Le pillaron al pobrecillo. Era uno de Carabaña...

—¿Y era de Carabaña y no sabía realmente lo que era un «water»? —preguntó alguien.

—Sí, no sabía dónde cagar, si en el «water» o en la pila de la ducha. Nunca había visto un «water». Se pensaría que la ducha era también un aseo grande donde se podía cagar.

Mecanismos básicos del funcionamiento del control de la caca

La defecación es el proceso final con el que el aparato digestivo trata como si fuera un complejísimo y extraordinario laboratorio todos los productos bioquímicos que proceden no sólo de la ingestión de los alimentos, sino de los desechos de los procesos orgánicos internos.

No es nuestro objetivo describir aquí todo el proceso, sino en su estadio final, para entender cuál es el mecanismo esencial por el cual las heces son retenidas o expulsadas hacia el exterior, también de modo voluntario como sucede con el control del pis.

El control de las heces, de modo voluntario, es algo que el niño aprende y que precisa para ellos del concurso de control del esfínter anal.

En principio este esfínter (musculatura anal) se abre de modo reflejo y no interviene para nada la voluntad. Con el entrenamiento a que los padres y el contexto escolar hacen con relación al pis y la caca en el orinal, o el «water», el niño aprende a retener las heces durante un tiempo oportuno y defecar en el lugar adecuado.

Realmente este aprendizaje igual que sucede con el control del pis es muy complejo. Suele establecerse antes en los niños y presenta menos frecuencia de problemas que con el control del pis. Tenemos ,pues, también dos mecanismos básicos que se ponen en juego con las heces:

1. Mecanismo de retención.
2. Mecanismo de expulsión.

Al principio el niño retiene y expulsa las heces de modo reflejo; luego tiene que aprender a retener a voluntad cuando tuviese ganas de defecar; esto es posible gracias al control voluntario del esfínter anal. El niño tiene que aprender a interpretar las señales de su intestino y reaccionar evitando la evacuación de heces reteniéndolas hasta llegar el momento y lugar oportuno.

Este es un acto muy relacionado con la maduración del niño. El niño debe tener un grado de maduración orgánica suficiente como para retener a voluntad. Es más fácil que el niño no tenga problemas con el aprendizaje de este proceso, aunque alrededor de ellos existe una enorme cantidad de fenómenos y sucesos, que con el control del pis.

Normalmente ambas cosas van parejas y una vez logrado el control del esfinter anal le sigue el del control de la micción.

El sistema nervioso en este proceso juega un papel esencial, pues el niño a través suyo es capaz de interpretar la estimulación interoceptiva que recibe del intestino, y esa señal es la que hace que también el cerebro reaccione contrayendo o relajando el esfínter anal.

Como en la vejiga urinaria, existe una capacidad en la que el intestino emite señales de la urgencia de expulsar las heces, y se tiene la capacidad de retener, pero llegado un punto, la presión es tan fuerte sobre el esfinter anal que si no se llega al «water» con urgencia pueden ocurrir anécdotas tan humorísticas y reales como las que hemos contado.

El niño tiene que aprender y experimentar el uso y funcionamiento de estos mecanismos de contracción y relajación del esfinter anal. Y este aprendizaje también es complicado.

Por reflejo, llegado un nivel de necesidad, el esfínter anal se relaja, y es tan automático en los niños pequeños que se precisan «dodotis».

Existe una presión de empuje producida por las fibras musculares del colon, por lo que se estimula la excreción de las heces. Las fibras musculares deben operar con una actividad suficiente y equilibrada, pues si no la excreción de las heces motiva estados de estreñimientos o estados como el de la diarrea. Desde luego, esta actividad orgánica es fundamentalmente refleja, y esa presión que ejercen las fibras musculares del colon deben ser controladas por la fuerza de la voluntad con relación al esfínter anal.

De cualquier modo, las heces pasan al recto y permanecen en esa zona hasta que son expulsadas a través del ano.

El niño debe aprender a retener las heces en el recto un tiempo suficiente. Las deposiciones no son iguales y constantes, y el ritmo intestinal a va depender de muchas variables orgánicas, como el estado de las heces (liquidas, semilíquidas, sólidas...). Todas estas sensaciones interoceptivas deben ser controladas por el niño cuando no existen alteraciones por infecciones u otras situaciones.

Los problemas con la caca

Cuando el niño vive sus deposiciones de una manera orgánica muy problemática (estreñimientos, diarreas...) su experiencia, dolorosa a veces o poco grata, puede complicar el proceso del control de la caca, retrasándolo, y en la familia vemos al niño con la necesidad de inhibir esta función (se niega a defecar, por ejemplo).

El carácter traumático de la defecación puede influir psicológicamente en el niño, si su vivencia es aversiva, y desde luego que tendrá conflictos en los contextos en los que se da la deposición y generará sobre el control de esfínteres muchos «traumas».

También puede suceder que un niño que controla el pis y la caca, si vive episodios orgánicos aversivos, puede producir regresiones y estar en un estado en el cual se niege a producir deposiciones.

Las alteraciones del ritmo intestinal en las deposiciones son a veces de carácter psicosomático; es decir, que influyen sobre él las tensiones emocionales y los estados de nervios. Los niños muy aprensivos, muy afectivos y sensibles muchas veces presentan alteraciones intestinales.

Los adultos podemos observar cómo cuando presentamos ansiedad o tensión el intestino se altera y se producen fácilmente diarreas. Eso les sucede a los estudiantes en épocas de exámenes. Y no digamos en los niños pequeños, que si están en periodo de este aprendizaje puede asociarse a retrasos y alteraciones en los mismos.

Los estreñimientos suelen aportar al niño pequeño un gran trauma cuando sus deposiciones son dolorosas debido a la emisión de heces secas y duras. En este caso hay que consultar al médico para ver si esa situación cambia con una dieta rica en fibras y líquido, y ejercicios.

De cualquier modo, no hay que obligar al niño si está en la fase del control de los esfínteres, y bueno es posponer un poco dicho entrenamiento para que no se produzca ningún condicionamiento negativo y todo vuelva a su cauce normal.

El estreñimiento también viene en muchos casos producido por estados emocionales negativos; el niño puede estar viviendo un momento difícil (adaptación al colegio, un nuevo hermano...), lo cual deberá siempre analizarse y ser tenido en cuenta.

Así que la función de defecar se asocia a multitud de vivencias positivas y negativas. En los niños sabemos que tanto el acto de orinar como el de defecar obra en ellos de una manera realmente psicológica. Estas acciones están fuertemente cargadas de afecto.

Si la vivencia es positiva se ha observado que los niños consideran las heces como una prolongación de su propio cuerpo, y tenderán a ofrecerlas; las enseñarán a los adultos y las ofrecen como un preciado regalo. Hay niños que lo viven como todo lo contrario: rechazan sus heces, las ocultan y las odian, quizá porque el acto de la defecación se ha vivido de un modo traumático y negativo.

Freud decía que las sensaciones anales y genitales que conllevan estas funciones producen en el niño carácter, una manera de ser que proyecta hasta la edad adulta. Hay personas que disfrutan en el «water» mientras que otras la reducen a una función necesaria.

Cuando un niño vive por ejemplo la defecación dolorosa de las heces en un estado de estreñimiento, es capaz de generalizar la vivencia negativa a otras circunstancias, como por ejemplo ir al «water» o ponerse en el orinal, llorará negándose a sentarse, y le veremos muy traumatizado y sensible ante cualquier cosa que le recuerde hacer caca.

El niño tenderá a relajar los músculos del esfínter anal y éste perderá el tono, de tal modo que esto puede llegar a producir una encopresis (el niño no es consciente de que mancha o se hace caca).

El ambiente familiar que vive el niño y todos las circunstancias que le rodean de alguna forma se proyectan en el control de la caca.

Cualquier tipo de desequilibrio que el niño viva en esta periodo de su vida puede estar afectando este delicado aprendizaje. Es decir, que lo que rodea al niño puede o favorecer o perjudicar este control. También sabemos que el niño lo puede usar en su beneficio para conseguir cosas y llamar la atención de los padres.

Por ejemplo, un niño en edad de controlar la caca puede tener un problema físico de estreñimiento, pero, al mismo tiempo también elabora un rechazo psicológico, si esto se asocia a que los padres le obligan a estar en un lugar («water» u orinal) que por sí mismo es aversivo, el control de la caca se torna un problema de grandes dimensiones; y lo mejor, pues, es tratar de eliminar las tensiones que se producen en esos tres ámbitos.

Es decir, el agobio que los padres pueden experimentar por tal situación deben intentar eliminarlo, de esa forma no lo proyectarán hacia su hijo, quien puede estar transformando esa tensión en un factor interviniente del problema (controlará peor, o se opondrá a que le obliguen, o se estreñirá más, o se volverá más encoprético, etc.).

Por otro lado, hay que considerar que el niño deje de valorar la situación con su mente, pues se puede sentir así incapaz de hacer algo que todo el mundo consigue, o simplemente la tensión que el mismo se proyecta afecte a las funciones orgánicas.

También el niño, si estamos muy pendientes de todo ello, puede satisfacer su necesidad básica de ser atendido especialmente por sus padres, y desde luego estará muy interesado en que todo continúe igual. A veces lo más interesante en todos estos asuntos es «no hacer nada»; es decir, que controlado el aspecto orgánico (no hay peligro de enfermedad) debemos adoptar una actitud relajada, tolerante y flexible frente al niño.

Si tiene un carácter manipulativo, hay que controlarle con la exigencias oportunas. Ser muy tolerantes en estos casos puede ser también un problema. De cualquier modo, cuando se establece un desorden con respecto al control de la caca hay que plantearse qué está pasando (en el niño y su entorno —la familia—). «El niño consigue con su incontinencia —escribe Carmen Bragado— una manipulación del entorno que le resulta beneficiosa, por ejemplo, no ir al colegio, recibir atención paterna o expresar sentimientos de hostilidad»; en estos casos el problema puede llegar con el tiempo a un desorden de encopresis.

Podríamos definir la encopresis como un problema de descontrol involuntario de las deposiciones. Se ha estudiado mucho menos que el problema de la enuresis, quizá porque exista una casuística menor.

Es posible llegar a manchar o deponer las heces sin control por una pérdida del tono muscular del esfínter anal, y esto ha podido ser producido por multitud de circunstancias entre las que se encuentra el estreñimiento.

Según Carmen Bragado: «La encopresis ha sido definida como un acto de defecación involuntaria en lugares inapropiados cuando el niño ha superado los tres años de edad y no existen indicios de patología orgánica.»

No podemos ni considerar ni tratar a un niño como encoprético si es menor de tres o cuatro años. Y cada vez queda más claro que la población de personas encopréticas se relaciona con alteraciones de carácter psicológico y físico.

La encopresis se puede producir por la concatenación de multitud de factores que a la vez interaccionan entre sí y son de carácter somático (corporal), mental (o psicológico) y social (familiar).

En este sentido la encopresis primaria alude al hecho de que el niño no adquirió nunca el control del intestino; se denomina encopresis secundaria cuando el niño ha adquirido el control del intestino, pero se vuelve incontinente. En este segundo caso, considerar la presión del ambiente que rodea al niño resulta esencial.

El problema de la encopresis se plantea cuando por causas diversas se producen alteraciones del organismo con relación a:

—Distensiones o ensanchamientos del colon.
—Tono muscular bajo
—Falta de reacciones ante las sensaciones intestinales que avisan de la necesidad de evacuar.
—Dificultad en las contracciones que se producen durante la defecación en la zona del recto.

Existen muchos otros fenómenos orgánicos asociados a la evacuación incontinente, pero es notorio que un porcentaje muy elevado de personas encopréticas son personas estreñidas o con dificultades en la retención.

Hay niños que llevando un proceso normal de control del pis y la caca, de pronto les aparece el fenómeno de desorden del control intestinal. Pueden aparecer periodos de incontinencia aleatorios y esporádicos para pasar a ser un fenómeno continuo.

Y los padres se preguntan, ¿por qué mi hijo se ha vuelto incontinente?

Pueden existir muchas causas; conviene descartar las de tipo orgánico a través de un buen diagnóstico médico, y descartada esta casuística deberemos estar dispuestos a analizar si nuestro hijo sufre algún tipo de presión psicológica.

Es fácil encontrar niños que al ser estreñidos y tener unas experiencias muy dolorosas con la expulsión de la heces, se vuelven traumáticos y desarrollan por condicionamiento aversivo un rechazo a todo lo que sea ponerse en el «water».

Se niegan a ponerse en el «water» y se establece una lucha con los familiares que le rodean porque la defecación ha quedado asociado a dolor y experiencia negativa.

Si el niño no se pone en el «water» es fácil que en un momento determinado la actividad intestinal obligue a la deposición y ésta se realice sobre la ropa.

Esto puede suceder en diversos grados. Siempre que el niño evite ponerse durante un tiempo y regularmente en el «water» es posible que un descontrol intestinal pueda realizarse sobre la ropa, y si estos sucesos se repiten puede llegar a establecerse como un mecanismo de evacuación anormal, y es así que el esfínter anal se relaja permitiendo que en el colon exista un menor tono muscular. Es como el problema de la pescadilla que se muerde el rabo.

En estos casos, deberemos trabajar para que el niño recobre su confianza en ponerse en el «water» regularmente y durante períodos críticos en los que la deposición es posible. Esto, claro está, no se va a realizar obligando al niño, ni mucho menos.

Deberemos seguir un programa sistemático donde consigamos que el niño por estar el tiempo que nosotros deseamos, todos los días, reciba refuerzos a través de un sistema de recompensas.

Es decir, que si el niño hace lo que le pedimos recibe a cambio premios. Lo que debemos conseguir es que llegue de nuevo a sentirse relativamente cómodo en el «water» sin que esta experiencia le llegue a traumatizar, pues las deposiciones dolorosas se pueden asociar al «water», y si conseguimos este objetivo tendremos más posibilidades de que la evacuación en vez de hacérsela encima la realice en el lugar adecuado.

Así pues, los padres que se encuentren en una situación de este tipo y si el niño tiene más de tres años, pueden iniciar con el hijo un contacto estrecho de afectividad y comunicación siguiendo un programa en el cual se establezcan unos criterios por lo que estar en el «water» vaya seguido de una serie de consecuencias positivas.

Hay que aclarar con el niño lo que quiere conseguir (premios) si hace lo que nosotros queremos. Al principio hay que lograr que esté sólo un poco más de tiempo sentado en el «water», y poco a poco, iremos incrementando dicho tiempo.

La angustia que el niño vive a la hora de ponerse a defecar en el «water» debemos intentar que disminuya a través de conseguir que las molestias físicas vayan también siendo cada vez menores; para eso es necesario que el tratamiento vaya siendo también controlado por profesionales médicos. Nuestro objetivo deberá ser que al menos una vez al día defeque en el «water» e ir poco a poco incrementando la posibilidad de que sean más veces...

Entre las cuestiones generales en que el tratamiento de este problema generalmente resulta positivo están —según algunas pautas de Carmen Bragado—:

—Cambiar hábitos cotidianos con relación al «water» y las actividades de higiene que se realizan aquí.

—Evitar, mediante fármacos controlados médicamente que inhiban el dolor intestinal, que las heces sean blandas y que en consecuencia la defecación no sea dolorosa.

—Reforzar la defecación en el «water».

Muchos casos son los que se dan en la encopresis en que los niños viven fuertes conflictos

Figura 20.—*Niña controlando el pis.*

emocionales de integración al ambiente y con las personas que les rodean. Algunas veces incluso se utiliza claramente como una especie de chantaje o venganza. Este tipo de coyuntura expresa una gran inestabilidad emocional del niño.

Recuerdo cómo hablaba una familia de unos parientes suyos que vivieron una situación de posible chantaje emocional y fuerte desestabilización familiar hace ya mucho tiempo. Transcribo las cosas que se decían tal y como fueron verbalizadas, y con las claves de humor con que se expresaban.

Pueden surgir mil historias que nos documenten estas situaciones donde incluso cabe el chantaje emocional relacionado con el pis y la caca, como observaremos en el caso de dos hermanos de casi nueve años que solían defecar en los calzoncillos e ir con la «plasta» encima en medio de un ambiente-clima familiar muy conflictivo.

—La cruz, la de tu tía —dijo una mujer a unos familiares— Seis, y seis cagándose y meándose en la cama al mismo tiempo. La abuela, pobrecita, decía: «¡Lo hacen adrede!»

—Iban con la plasta en el culo —dijo otra mujer joven poniendo una cara rara—. Me acuerdo yo que montaban en la bicicleta con el mojón en el culo. ¿Cómo podrían ir así...?

—Eso se llama encopresis —dijo alguien más enteradillo del asunto.

—¿Y eso qué es? —preguntó la mujer joven.

—Pues que se caga uno —dijo el más enteradillo.

—Pero, bueno, ¿para ir por la calle con la plasta encima? —replicó la mujer joven poco convencida.

—Hay gente que no tiene control —dijo el más enteradillo.

—Y tu tía lavaba la ropa y le salía toda repasada —dijo la mujer que comenzara la conversación—. Tenían el cinismo de cagarse y seguir con la cagada, la plasta ahí, bien aplastada, en el sillín de la bicicleta, iban :¡riii, riii, riii...! Y por donde pasaban, ¡qué peste! Y todo el mundo decía, ¡qué peste...! Les hacía levantar los pies por si se habían embollado en alguna mierda; les decía, ¿habéis pisado alguna mierda por ahí?, y nadie tenía nada, ¡pues qué peste!, y los muy zorros callados, hasta que ya la abuela los descubrió. Y decía: «¡Los marranos éstos, que son unos marranos, si es que se cagan, y encima van con eso!; ¿cómo pueden aguantar la plasta en el culo montados en la bicicletas?

—¡Lo hacen adrede! —decía la abuela—, por venganza estaban rebeldes porque les había enseñado el padre a darles dinero, llegaban al casino, y el padre como tenía el vicio de estar jugando el dinero, pues llegaban y toma, les daba para quitárselos de encima, así no le vigilaban, y les decía: «¡Toma! —a fuerza de dinero—. Iros a comprar tal o cual», y los enseñó a eso desde bien pequeñitos; así que robaban el dinero, por donde incluso yo tenía que guardar el mío debajo del colchón para que no me lo quitaran. Aunque lo metiese debajo de una baldosa daban con ello. Tu tía no podía tener ni una gorda... Y es que antes no había tantos adelantos como hay ahora, y la zalea, que así la llamaban, era la piel de un borrego con todos los pelos; eso se plantaba encima del colchón, y luego se ponían unas mantitas, y unas sábanas encima para que no le picaran, si no calaba el colchón. ¡Fíjate!, había que lavar la zalea, aquellos pelos ya podridos, ¡que asco!. Había que colgarlo. Aquel patio, lleno de cosas de los meaos, la manta, las sábanas, las zaleas... ¡Tu tía!, pobrecilla... Me los tuve que llevar a casa para que la madre descansara, ¡pobrecita!, de tanto trajín —y proseguía la abuela—: ¡Vaya un estreno de casa!, porque fue cuando nos fuimos a la casa nueva a vivir. ¡No tienen bastante con esta cruz que ahora los marranos éstos, que son unos puercos, unos puercos, se cagan, y llevan la plasta encima! Recuerdo que ibas a lavarles el calzoncillo y se te quedaba en las manos, podrido de los cagaos.

—¡Esa mujer fue crucificada! —dijo alguien.

—Tu tío le compró una lavadora por si le aliviaba. Pero ni lavadora ni leches ni nada... —dijo la mujer bajando su tono de voz...

* * *

Vamos a contar el caso del niño que se retuvo hacer caca durante mucho tiempo al estar fuera del ambiente familiar y que nos ilustra cómo puede afectar lo emocional a un niño y sus funciones orgánicas, como son hacer pis y caca.

Un grupo familiar contaba que uno de ellos, hacía ya muchos años, de niño, vivía en un ambiente rural. Era una familia de cuatros hijos. El segundo fue el protagonista del siguiente hecho, narrado tal y como se contó en una reunión espontánea entre los familiares implicados.

La madre, una mujer ya mayor, recordaba que un tío de los niños, cuñado suyo, había ido a visitarlos al campo, y el hijo segundo pidió irse con su tío a la ciudad en cuanto regresase de aquella visita:

—¡Era más ingenuo, el pobre! —dijo uno— «Juan, me traes un gorro de vikingo y una espada de vikingo, ¿eh?» Y me llevó un traje y una espada de torero con su montura y todo...

—Tu tío tuvo que ir allí por el follón del economato —contaba la madre de aquel grupo familiar— y estuvo allí unos días con nosotros, para ver si sacaba las cuentas.

Y al final, cuando ya se iba a ir a Zafra, ¡madre mía! Le dice: «¡Qué!, ¿te vienes?» «¡Sí, sí!, tito, yo me voy contigo, yo me voy contigo.»

Le faltaban unos cuantos de días, y todo ese tiempo detrás de él: «¡Tito!, ¿cuándo nos vamos ya a Zafra?» El otro: «Espérate, hombre, que todavía me queda...» Y venga, a cada nada: «¡Tito!, ¿cuándo nos vamos ya a Zafra?» Y el otro: «Espérate, hombre, que ya nos va quedando menos.» Y todos los días y a cada momento: «¡Tito!, ¿cuándo nos vamos a ir a Zafra...?»

Total, que llegó la hora de irse a Zafra, le preparo todo su equipaje y le digo: «Diego, toma —le hacían falta unas zapatillas de esas de lona—, para que te compres unas zapatillas.» Y se fue...

En fin, que me escribieron una carta, un familiar que trabajaba en la Renfe, diciéndome que le llevaban de vuelta.

Resulta que allí no cagaba en ningún lado, le ponían en el «water» y nada...¡Claro!, como estaba en el campo, a lo mejor es que no estaba acostumbrado, se dijeron. Le llevaron a un corral por si es que hacía algo, y nada...

Todo lo guardaba. Y se preocupaban por si le iba a pasar algo. Y parece que Diego se lamentaba diciendo: «¡Que yo me quiero ir con mi mamá! ¡Que yo me quiero ir con mi mamá!...»

Cuando llega a casa y le veo: «¡Hay, madre mía!, pero, ¿qué coño traes?, ¡si tiene las patas tuertas!»

Yo estaba negra, porque después de tanto con el tío que si cuándo nos vamos a Zafra, y que se presentara así allí...

«Me lo he tenido que traer, por si le pasaba algo, porque hasta le hemos puesto en el corral y nada de nada.»

¡Claro!, cómo no iba a andar con los pies torcidos. ¡Traía unos andares...! Se había comprado unas zapatillas con dos números menos de lo que le correspondía. Llevaba los dedos doblados, ¿cómo no iba a venir cojeando si eran dos números menos?

Y al llegar allí, lo primero que hizo fue irse por el campo, ¡y no veas!, los puestos que ponía: uno aquí, otro allí, como todo aquello era campo libre...

CAPÍTULO VI

LOS NIÑOS MANEJAN A LOS PADRES

Como en todas las cosas, los niños pueden hacer del control del pis y la caca un arma arrojadiza. De eso bien sabemos los psicólogos que atendemos a la infancia.

Recuerdo multitud de padres y madres muy preocupados porque su hijo controlaba y de pronto dejó de hacerlo. ¿Motivos...? Ha tenido un hermano, existe algún aspecto que produce ansiedad, como ir por primera vez a la escuela infantil, o que la madre comenzó a trabajar y está poco en casa... Los niños manejan muchos aspectos emocionales con reacciones fisiológicas. No deja de llamar la atención cómo el cerebro se vuelve psicosomático; es decir, el cuerpo se sensibiliza ante la problemática de la mente y reacciona. Muchos niños expresan, de esta forma, su sentir. A veces, no comer es una cuestión más mental y social que corporal; lo es también vomitar, etc.

Es decir, el descontrol del pis o la caca, después de haber controlado, en lo que se denomina un problema de enuresis secundaria, aunque no siempre, habría que analizarlo desde el ángulo de lo emocional. Es posible que las emociones jueguen en el niño una mala pasada en este sentido.

Si los padres no le dan tampoco mucha importancia en el sentido que ignoran el problema resulta que el niño, si persiste con un mal hábito de descontrol, puede llegar a tener un auténtico problema de enuresis (descontrol del pis) o de encopresis (descontrol de la caca). Estas reacciones orgánicas, y otras, de las que hemos hablado, están producidas muchas veces por causas de tipo mental-emocional y social-familiar.

Cuando hay desórdenes en conductas como el pis y la caca los padres deben tener muy presente si no estarán generadas por este tipo de presión personal-social.

En una de mis intervenciones con adolescentes, en un colegio, recuerdo haber trabajado el concepto de salud en este sentido, según un esquema de análisis funcional americano. Se trataba de un curso con documentación audiovisual titulado: «El triángulo de la salud». Se desarrollaba aquí la idea de que la salud está formada por el equilibrio de tres dimensiones: 1) la corporal, 2) la mental y 3) la social; y se trataba la idea de que la salud está en función directa con el equilibrio proporcional de estas tres realidades intrínsecas a los seres humanos, y de modo simbólico se les hacía ver a los adolescentes que esas tres dimensiones formaban parte del concepto de salud en una especie de triángulo equilátero, cuyos lados debían guardar su dimensión proporcional con relación a los demás, y que cualquier desarmonía en uno de ellos repercutía en los otros, rompiendo la condición de dejar de ser un triángulo equilátero.

Esa condición de «triángulo equilátero» era también el concepto del equilibrio de la salud. Se perdía la salud en cuanto existía un desequilibrio en lo corporal, o en lo mental o en lo social; por tanto, se concluía a través de multitud de actividades que los adolescentes debían mantener siempre un equilibrio en las tres esferas para poder gozar de una salud integral.

No podemos entender los problemas de desórdenes relacionados con el pis y la caca precisamente si no tenemos muy en cuenta que en los niños este equilibrio es fundamental, y mucho más en ellos. Cuando observamos reacciones del organismo como las que tratamos en este libro (el pis y la caca) deberíamos siempre ponerlas en relación (si existen manifestaciones desordenadas de ellos) con lo que le influyen esas otras áreas: mental (hay que preguntarse sobre el equilibrio emocional del niño con relación a todas sus estructuras mentales) y social (es decir, entender que existen en el ambiente que rodea al niño situaciones de tipo estresantes o de desequilibrio: un hermano con el que rivaliza, un padre o una madre que proyecta sobre el hijo una tensión psicológica indeseada; acontecimientos sociales...).

Todo está relacionado, no podemos decir que el desorden de la conducta del pis o la caca sea algo ajeno e independiente de lo que el niño siente y vive en otras esferas. Y esto es importantísimo entenderlo así, puesto que en muchos casos, cuando los padres organizan y equilibran el área emocional y social del niño las manifestaciones desordenadas de conductas orgánicas como hacerse pis y caca llegan automáticamente a solucionarse.

Esto es verdad principalmente cuando los niños se inician en estos aprendizajes. Corremos el riesgo de que si no actuamos cuando es el tiempo de hacerlo, luego, las conductas orgánicas descontroladas del pis y la caca se pueden fijar como hábitos y costumbres permanentes, y resultar más dificultoso normalizar al niño en estos asuntos. Por eso, lógicamente, cuando el niño no logra madurar y ser suficientemente habilidoso en el control del pis y la caca tenemos que entrar en procesos de tratamiento terapéutico como el descrito en este libro para el control del pis (enuresis), pues el organismo consolida hábitos muy resistentes al cambio (situaciones de condicionamiento).

Cuando el niño está en la edad de aprender a controlar los esfínteres (pis y caca) no hay que influir en el niño como si estuviésemos tratando un problema enurético (descontrol del pis) o de la caca (encopréticos), eso nunca; pero sí armonizar y equilibrar mucho el influjo que ejercemos sobre ellos; es decir, que sobre las destrezas que el niño aprende con relación al control de esfínteres están influenciando múltiples factores, y por tanto cuando el niño está en esta fase hay que tener en cuenta principios generales tan lógicos como:

— No proyectar preocupación en dirección del niño en forma de ansiedad por el tema de control del pis y la caca. Padres excesivamente pendientes y preocupados, con mucha necesidad de urgencia porque el hijo sea un diestro controlador de estas funciones básicas, pueden llegar a lograr en sus hijos todo lo contrario.
— Procurar no centrarnos en prestar excesiva atención al niño si por descontrolar llama la atención de los padres y se le atiende emocionalmente aunque sea de manera negativa. Es decir, a los niños en edad de controlar el pis y la caca puede resultarles más interesante tener pendiente a los padres que el hecho mismo de controlar. Es decir, tener nerviosos a los padres es tenerlos para sí, y eso es un éxito emocional que puede reforzar conductas inadecuadas con respecto al

control del pis y de la caca. Si esto permanece así a la larga produce hábitos que se pueden instituir en reacciones de enuresis y encopresis.

— Hacer de esas funciones algo puramente casual, cuando la desorganización de la conducta orgánica del pis y/o la caca, está relacionada, en la mente del niño, con situaciones como los celos entre hermanos, etc.; lo mejor que podemos hacer es no dar importancia al asunto. Es decir, no proyectar alrededor de estas acciones demasiadas cosas de tipo psicológico. Simplemente debemos mantener una actitud neutra.

—Si el niño tiene un comportamiento normalizado ante el control del pis y la caca, cuando está en el aprendizaje de estas destrezas, es muy interesante ser positivos con él. Es decir, que le debemos felicitar, hacer pequeñas fiestas; expresarle nuestra satisfacción con palabras y caricias, de tal modo que se sienta orgulloso por llegar a hacer cosas que le acercan hacia el control de las esfínteres. En muchas ocasiones los niños manifiestan su orgullo y su felicidad haciendo de sus heces y del pis autenticos símbolos emocionales; y por eso nos lo enseñan (ofrecen) y lo sienten como parte de sí mismos. Y esa misma dirección emocional, cuando existen problemas interiores, el niño los manifiesta alterando la organización de esos aprendizaje, apareciendo lo que todos los especialistas llaman encopresis o enuresis secundaria. El niño antes controlaba y ahora deja de hacerlo. Muchas de las causas están en aspectos emocionales y sociales que se deben analizar de una manera pormenorizada. En estos casos, la visita al especialista psicólogo es fundamental.

— Muchas veces, mientras los niños están controlando el pis y la caca, se producen episodios de desorganización de estas conductas. No hay que ver esas reacciones como un problema que podamos catalogar de enuresis o encopresis, sino simplemente de regresiones, y alteraciones circunstanciales y pasajeras, que como todas las cosas de la vida pueden darse. Lo mejor es no mostrar ansiedad y ver el proceso como algo natural, sin que reaccionemos de modo ansioso ante el niño.

— Todos los niños cuando inician este aprendizaje deben pasar por fases diversas: En los primeros años (hasta los dos años) el niño está inundado de sensaciones exteriores y de sensaciones interiores que debe organizar e integrar en su cerebro. El pis y la caca producen una ingente cantidad de sensaciones interoceptivas que se organizan en su cerebro-mente hasta que se le dan patrones de ritmo y contexto para que esas conductas orgánicas se den bajo un control voluntario. Quien proyecta esos patrones de conducta son los padres y a veces debemos dar tiempo para que ellos reaccionen de modo adecuado. En este periodo lo que un padre no puede hacer es no poner en un contexto adecuado a su hijo para que pueda lograr conductas que le ayuden a conseguir con éxito ese control. Es decir, que los padres deben tomar conciencia en un momento oportuno de que el control del pis y la caca es un aprendizaje básico que hay que favorecer. Una vez que el niño ha aprendido el control de los esfínteres, hasta la edad de los cinco años, se ve recompensado, al ser independiente, por una gran satisfacción emotiva y de autoestima positiva por su autonomía, cuyo ejercicio más concreto lo ejerce en el dominio de sus funciones corporales. El niño que entre los dos años y medio y los cinco no es autónomo en este sentido significa que puede afectarle en el área de la autoestima, y al no ser autónomo y depender en exceso de sus padres, el desarrollo de su personalidad puede verse influido de modo negativo. Lograr el control del pis y la caca, a su tiempo, siempre va a ser un factor de éxito y equilibrio para la personalidad. Después de los seis años el automatismo de estas funciones está ya instaurado de tal modo que el niño experimenta una sensación de libertad que los niños enuréticos y encopréticos sienten que no es así, y experimentan una sensación de fracaso que no es buena en ningún sentido. Por lo que los padres no deben esperar que el niño tenga una necesidad tan perentoria como que no puede ir al campamento de verano con los compañeros de clase porque se orina. Es necesario actuar antes para favorecer que el niño adquiera esas conductas de control orgánico en la micción cuanto antes, poniéndose en manos del especialista.

* * *

En este sentido, una persona adulta de unos cuarenta años, me describió en una charla que mantuvimos cómo vivió hasta los trece años con ese problema. Y se acordaba de los horrores vividos, con su mente de niño, ante determinados contextos al generar en su mente unas ansiedades y unos miedos tremendos con relación a este problema. Paso a describirlo porque de ese modo concienciaremos a los padres que siempre dicen, sin otra preocupación. «¡Ya controlará cuando llegue su momento!» —aunque el niño sea ya casi un adolescente—. Si estas conductas importa organizarlas en nuestros hijos no es tanto por la habilidad corporal que adquiera como porque a veces se pagan en términos de sufrimiento psicológico.

Julio recordaba aquella época de su niñez y adolescencia con verdadera preocupación al rememorar lo que significó para él mearse en la cama hasta los trece años. Se acordaba que fue el miedo y el terror a orinarse por la noche, en un colegio donde estaba interno, lo que le llevó a controlar este asunto, de un día para otro, pero, claro, había cumplido para entonces, ¡trece años!, ¡y de qué modo aprendió a no mojar la cama...!

Pregunta.—¿Desde qué edad te orinabas?

Julio.—Desde que nací hasta los trece años.

P.—¿Llegaste a controlar la orina por la noche y luego volviste a descontrolar?

J.—No sé que es eso de controlar...

P.—Mearse en la cama involuntariamente.

J.—Yo recuerdo que te meabas y lo pasabas muy mal —dice con un timbre que aún evoca lo mal que lo debió pasar a nivel psicológico—. Lo pasabas muy mal, primeramente porque no podías dormir a gusto, estaba todo empapado de orina y de olores...

P.—Pero, lo notabas, y, ¿seguías sin hacer nada en la cama? ¿Por qué no te levantabas...?

J.—Yo notaba que me meaba, pero seguía en la cama; total, ya me había meado... ¡Claro!, algunas veces me levantaba y otras..., ¡yo qué sé...!

P.—¿Recuerdas si era desagradable aquello?

J.—¡Hombre!, ¿cómo iba a ser agradable el estar ahí empapado toda la noche en meados...? y, ¡yo qué sé...! Te sentías..., ¡mal! Yo no recuerdo bien todos mis sentimientos cuando era pequeño, recuerdo lo que sentía al ser más mayor. Con ocho o nueve años, ya me daba vergüenza, porque recuerdo que nos fuimos una vez a Málaga, y me fui a casa de un primo, a la casa de unas personas desconocidas; pues me seguía meando, y ¡jolines!, lo pasaba muy mal...Se enteraron que me meaba, pero ellos no dijeron nada. ¡Yo lo pasé muy mal!, y recuerdo que salí al campo a llorar..., y ¡macho...! lo pasas muy mal! Es un defecto que tienes ahí...y ¡te sientes muy mal...! Luego, cuando me tocó ir a Madrid a un colegio interno, ¡eso fue ya el colmo...! Ahí ya se me quitó todo... Eché una meada una noche y ya nunca más volví a mearme, porque cogí miedo. Entonces ese miedo que tenía a que se enterase todo el mundo, a que me señalasen con el dedo, fue tan horrible que nunca más me oriné...

P.—¿Qué edad tenías...?

J.—Fue con trece años para cumplir catorce... Me meaba todas las noches desde que había nacido, pero fue llegar al colegio, ¡y ahí ya...! Recuerdo que me llevé todo preparado, mi madre sabía mi problema y me preparó todo. Me llevé un hule, y entonces, cuando no había nadie, me lo ponía, como teníamos que hacer la cama... Recuerdo que lo pasaba muy mal a medianoche, porque me despertaba cuando ya me había meado, ¡sentía el frío ése...!, y había calado las sábanas, mantas, colchón... ¡y eso era...!, y te tenías que cambiar de ropa, de pijama... ¡Eso era tela marinera...!, tenía que esconderlo en un armario que allí había hasta que podía mandarlo a lavar. Pero eso fue una o dos veces, no más. Ahí ya se me quitaron las ganas de orinar, porque estaba aterrorizado, ¡tenía un miedo...!

P.—Miedo a que te dijesen ¡meón!, ¿o algo así?

J.—¡Sí!, por los niños del colegio. Pensaba que si me veían alguna tara, pues se reirían... y entonces, ¡claro!, lo pasaba muy mal..., ¡lloraba!, tenía angustia, temor... Es lo que principalmente recuerdo.

P.—O sea, tu miedo eran los demás.

J.—¡Por supuesto! Mi miedo era todo, por lo que deseaba quitarme aquel problema como fuera. Sientes que no eres normal, no podías ir a ningún sitio. Recuerdo que iba a casa de unos amigos de mis padres, y ellos también tenían un hijo que se meaba como yo; así que nos acostaban en la misma cama; nos acostábamos dos meones, así que por las mañanas estaba todo de meados hasta la gorra, tenían que sacar el colchón al sol, claro, nos meábamos los dos. Yo creo que aquello era como un concurso a ver quién se meaba más...

P.—¿Qué conclusión sacas?

J.—Que ante este problema el niño vive con temores, miedo al ridículo... ¡se pasa mal! Por eso, lo mejor, tratar de solucionarlo cuanto antes....

ÍNDICE